Sommaire

W0289671

Introduction
Qu'est-ce que le féminin sacré ?

L'appel du féminin sacré

« On ne naît pas femme, on le devient. » Ô combien connue, cette célèbre phrase de Simone de Beauvoir affirmant le devenir femme vient titiller notre esprit sur la naissance de notre féminité. Acquise, conquise, en devenir, entendons nous l'appel à naître à notre féminité, à sortir des sentiers battus et partir vers différents chemins pour découvrir une autre essence moins normée de notre féminité ?

Partir à la rencontre de la « femme sacrée » en nous est un parcours initiatique, empli d'enseignements, qui nous invite à nous immerger dans tous les aspects de notre féminité. Cette exploration peut parfois être déconcertante, soulever des questionnements ou nous amener à réaliser des manques, des blessures, des chapitres à écrire ou à réécrire. Mais l'aventure est tellement enrichissante et merveilleuse si nous choisissons de répondre à cet appel !

Vous vous demandez sans doute, chères femmes, comment retrouver cette part de sacré en vous. Nul besoin de croyances religieuses particulières pour cela, il suffit d'agir simplement : honorer et célébrer la vie incarnée dans notre nature féminine, apprendre à s'aimer telle que l'on est (femme, fille, âge, passage, lunaire solaire, ombre et lumière, vent et pluie…). Si vous acceptez d'entamer ce processus intérieur, vous serez alors amenée à suivre le chemin qui révèle vos dons et vos pouvoirs.

Nombreuses sont les femmes pour qui l'appel du féminin sacré fait écho aujourd'hui. Il trouve sa source dans une recherche profonde et personnelle, celle de comprendre, toucher, sentir sa nature incarnée de femme. C'est également un retour vers l'essentiel, une émergence du féminin et des femmes. Car pendant des siècles, notre monde a été gouverné principalement par des hommes, dans une vision patriarcale. La place des femmes, l'énergie du féminin, était reléguée à des fonctions stéréotypées ne permettant pas aux femmes d'exprimer tous leurs talents, de prendre une place active dans la société et d'agir de façon concrète. Nous, femmes, voulons autre chose : nous voulons la liberté, celle d'être née femme et de choisir ce qui nous inspire, de nourrir notre cœur, nos rêves et notre essence.

Les premiers pas vers le féminin sacré

Doucement, poussons ensemble la porte et entrons dans l'antre du féminin sacré. Suivons pas à pas la marche et laissons la magie opérer en nous.

Depuis quelques années, le féminin sacré est sur toutes les lèvres. On en parle sur les réseaux sociaux et dans les livres de développement personnel, et de plus en plus de cercles de femmes sont organisés un peu partout en France. Les participantes se retrouvent, entrent dans la ronde et se connectent les unes aux autres. Il s'agit d'un espace doux, serein, où les mots et les enseignements se transmettent pour nourrir les cœurs. Les femmes y redécouvrent la dimension sacrée de leur féminin et se réapproprient les savoirs ancestraux afin d'aller à la rencontre d'elles-mêmes. En créant un cercle, ce chant légendaire, elles font un appel au féminin, embrassant ainsi la totalité de leur être ainsi que leur nature féminine. Elles développent alors tout leur potentiel et incarnent pleinement leur féminitude[1].

1. Féminitude : ensemble des caractéristiques spécifiques des femmes qui différencient la femme de l'homme. C'est aussi le nom d'un jeu de tarot féminin créé par Monique Grande sur les archétypes du féminin où l'autrice nous invite à explorer notre féminitude !

LE FÉMININ SACRÉ, C'EST…

… célébrer la femme divine et magnifier le féminin ;

… apprendre comment vivre les passages phares de nos chemins de femmes ;

… apporter du sens à nos actions quotidiennes, pratiquer des rituels, pacifier sa nature de femme, honorer cette femme ;

… s'accompagner mutuellement entre femmes dans ce processus alchimique, mouvement intérieur transformateur où le temps est gage de maturation, d'acceptation et de connaissance de soi.

Le féminin sacré est perpétuellement en création ; nous l'avions délaissé, il est temps de le réinventer !

Tirez le fil du féminin sacré

Le chemin vers le féminin sacré est à l'image d'une pelote ; le fil s'étire progressivement jusqu'à former une toile, une cosmologie au féminin, un champ d'étoiles où chaque astre fera le lien. Car tout est relié, comme nous l'ont transmis les premières nations[2], les premiers

---

2. L'expression « premières nations » apparaît dans les années 1970 pour remplacer le mot « indien », que certains trouvaient offensant.

Amérindiens, les premiers occupants des territoires qui constituent aujourd'hui le Canada.

Selon la culture des peuples anciens, chaque élément est en relation, en interdépendance avec l'autre, du visible à l'invisible, de nos sentiments à nos actes, de nos silences à nos créations, de nos mères à nos filles, du ciel à la terre… Alors tirez les fils que nous vous proposons ici, suivez leurs courbes, elles auront pour mission ou sollicitation de vous conduire à développer une meilleure relation avec votre estime de vous, en vous réappropriant votre corps, en écoutant votre cœur et votre âme.

Vous êtes invitée à prendre conscience de ce qui fait votre singularité, en contactant votre essence féminine, en intégrant les valeurs du féminin (la coopération, la vulnérabilité, l'intuition, le ressenti) et en diffusant ce féminin autour de vous.

Dans le cercle sacré, tout est lié ;
là s'exprime l'unité spirituelle de tous les êtres,
qui demande de maintenir la valeur suprême
de l'harmonie. Quand le cercle est brisé,
il est possible de rétablir cette harmonie
avec la roue de médecine.

Jacques Languirand,
spécialiste de la pensée amérindienne

Un rituel pour commencer

Un rituel est un ensemble de gestes que l'on fait pour honorer, prier, célébrer, faire une demande aux énergies célestes et pratiquer un enchantement qui ravit nos cœurs.

Quelles que soient l'appartenance ou l'intention du rituel, c'est un moment hors du temps où nous créons de la magie. Pour commencer ce voyage intérieur, je vous propose un rituel individuel pour impulser ce féminin sacré en vous.

Pour ce rituel, vous aurez besoin :

- d'une bougie ;
- de pétales de roses odorantes.

1. Installez-vous dans un endroit calme et où vous vous sentez en sécurité.
2. Disposez les pétales de roses au sol et créez un large cercle dans lequel vous allez vous asseoir.
3. Allumez la bougie pas trop loin de vous, entrez dans le cercle parfumé et fermez les yeux. Imaginez que chaque pétale est une femme bienveillante qui vous accueille, vous offre un pétale, une bénédiction, un souhait : celui d'être une femme sacrée.

4. Savourez, prenez le temps de goûter, de recevoir.

5. Laissez votre imagination, votre créativité être la source des femmes. À présent, vous voilà dans la ronde !

Au commencement le sacré était féminin.
Le culte d'une déesse mère est probablement
la plus ancienne religion du monde.
Ses racines remontent très loin dans l'Histoire.

Dieu fut d'abord une femme,
Dieu fut d'abord une déesse !

Jean Sadaka

PARTIE 1

LA MYTHOLOGIE DU FÉMININ SACRÉ

Pour s'initier au féminin sacré, le comprendre et ressentir son essence, nous allons replonger dans ses racines notoires à travers l'Histoire et nous laisser inspirer par sa mythologie.

LA GRANDE DÉESSE, CELLE QUI DONNE LA VIE

Et si Dieu était féminin ? C'est la question sur laquelle repose l'étude que présente Merlin Stone, auteure passionnée d'archéologie, dans son ouvrage *Quand Dieu était femme*.

> *À l'aube des religions,*
> *Dieu était une femme.*
>
> Merlin Stone

Les civilisations anciennes célébraient le culte de la Déesse mère (*Magna Mater, Grande Madre, Mother Goddess*…), le pouvoir originel de la femme, celui de porter, de donner la vie et de la nourrir. Dans la mythologie grecque, Gaïa est identifiée à la Déesse mère. Créatrice de la vie, reine du ciel, elle assure la fertilité, l'abondance, la protection et la vigilance. Toute la communauté est régie par le cycle de la vie à travers la figure de la Grande Déesse et de ses fondements.

De multiples expressions graphiques, symboliques du culte et de la présence de la Grande Déesse, ont été découvertes à travers le monde : des grottes en Europe et aux États-Unis dont l'ouverture principale et les profondeurs ressemblent à un gigantesque sexe de femme, des gravures peintes en ocre carmin en France (la grotte Chauvet en Ardèche ou La Ferrassie en Dordogne par exemple), des effigies, des peintures représentant des Vénus aux ventres et aux seins ronds, généreux, datant du paléolithique. Selon l'archéologue Marija Gimbutas, tous ces symboles figurés honoraient cette Grande Déesse, expression de la vie.

Cette mythique divinité était adorée par de nombreux peuples depuis le début de la période néolithique jusqu'à la fermeture de ses derniers temples, environ 500 ans après J.-C. Puis l'homme s'est sédentarisé, a voulu maîtriser les forces prodigieuses de la terre-mère à son propre bénéfice, les bienfaits innombrables de mère nature ne lui suffisant plus. Parallèlement, la place de la femme a changé. Les hommes, effrayés par le pouvoir fécond des femmes considérées comme des déesses porteuses de vie, ont décidé par le biais de leurs nouvelles croyances de les opprimer. La déification de la Grande Déesse s'est éteinte, victime de siècles de répression de la part des adeptes des nouvelles religions qui ont imposé leurs visions patriarcales dans lesquelles les femmes ont perdu leur pouvoir et leur place.

IL FUT UN TEMPS…

Il fut un temps lointain où les premières femmes étaient les grandes prêtresses des sociétés naissantes, où la spiritualité féminine, sagesse des cieux, délivrait les connaissances des mystères et du sacré.

Cultes, cérémonies et initiations spirituelles étaient dédiés à la figure de la Déesse, la Grande Mère.

Au cours de l'histoire de notre humanité, diverses écoles initiaient des profanes autour des cultes de la Déesse, comme les mystères d'Éleusis, fêtes en l'honneur de la déesse Déméter et sa fille Perséphone ou le culte de Kali, pratiqué dans certaines régions de l'Inde et qui existe encore de nos jours.

Les origines spirituelles de la « Grande Déesse » remonteraient à la Préhistoire, là où le corps féminin était divinisé car doué du pouvoir magique d'enfanter.

Avec le temps, l'histoire de la Grande Déesse a voyagé, surtout autour du bassin méditerranéen et jusqu'en Asie mineure. Le mythe a pris mille et un visages et le féminin sacré s'est incarné dans de nombreuses figures :

- Inana chez les Sumériens
- Isis en Égypte antique
- Cybèle chez les Grecs et les Romains
- Shékina chez les kabbalistes
- Marie-Madeleine, Myriam, Marie chez les Esséniens et les chrétiens primitifs

Les écoles des mystères, ces lieux de transmission, conduisaient les femmes à être initiées à des rites significatifs. Elles expérimentaient des états de conscience modifiée, des expériences initiatiques et extatiques, apprivoisaient et humanisaient leur part d'ombre, cette partie psychique cachée de leur personnalité. L'instruction magique de ces rites de passage révélait alors les origines cosmiques de la vie sur Terre, confirmant leur souveraine spiritualité, la déesse en elles !

RÉVEILLEZ LA DÉESSE EN VOUS !

Chaque femme possède en son cœur une déesse qui guide ses pas dans ses choix, des plus intimes au plus communs, parfois plusieurs fois dans sa vie. Cette déesse, invitez-la, honorez-la, laissez-la se manifester au quotidien, dans vos rêves et vos désirs. Votre mission sera de la reconnaître, de la laisser émerger, de la libérer de vos croyances limitantes afin de laisser votre plein potentiel se déployer pour devenir la meilleure version de vous-même, une grande déesse !

Je vous invite à révéler les facettes inconnues, oubliées ou négligées de votre divinité. Vous pourrez cheminer vers votre réconciliation personnelle, ce sera une reconnexion vers votre femme sacrée. Pour cela, offrez-vous quand vous le pouvez des occasions de célébrer les moments phares de votre vie de femme. Déposez des intentions, faites des rituels aux parfums sacrés pour rentrer en connexion avec votre déesse intérieure, invitez-la à se manifester (par des prières, des incantations, des méditations…), partez à sa recherche sur des sites dédiés à sa présence. Tout objet ou occasion qui éveillera votre nature divine de femme est bienvenu !

Pour comprendre et vous préparer à rencontrer votre déesse intérieure, laissez-vous inspirer par différentes figures féminines, telles les célèbres Ishtar, Isis, Cybèle, Aphrodite, Gaïa, Déméter, Perséphone, Héra, Artémis, Junon, Athéna, Hestia et bien d'autres encore… Chacune possède en son sein une force, qu'elle soit terrestre, aquatique, tellurique, agricole, ou éolienne, manifestant la puissance de son royaume et sa magie.

Si nous écoutons les voix de nos rêves,
les images, les histoires – surtout issues
de nos vies – notre art, les disparus, et
nous-même, quelque chose va nous être
transmis, qui est de l'ordre du rituel,
des rites psychologiques personnels,
et sert à affermir cette étape du processus.

Clarissa Pinkola Estés,
Femmes qui courent avec les loups

Sacralisez votre corps

Éveiller la déesse en soi, c'est aussi explorer et saluer son corps, sacraliser les espaces et le temps qui rythment notre anatomie féminine. Afin de sacraliser en conscience chaque pan de votre anatomie, vous pouvez revisiter ou vous interroger sur votre lien à votre anatomie féminine.

- **Qu'avez-vous reçu comme héritage sur votre corps et votre cycle ?**
  Comment votre mère vous a-t-elle initiée au cycle menstruel ? Vous a-t-elle accueillie au moment de vos premières lunes ? Quel était son discours au sujet de la sexualité, la maternité, la féminité, la reconnaissance des émotions ? Vous a-t-elle donné des conseils ou bien a-t-elle préféré ne rien dire, laissant le silence couvrir les murs de vos relations mère-fille ?
- **Quelle superstition ou idée reçue avez-vous crue ?**
  Par exemple : « Tu enfanteras dans la douleur », « Perdre sa virginité fait mal », « Les règles, c'est pénible et douloureux, autant ne pas les avoir », « Les hommes sont comme ceci ou comme cela »…
- **Quelle croyance parfois limitante avez-vous posée sur vous-même au sujet de votre corps, de vos formes, de votre personnalité, de votre féminité, de votre nature (féconde, créatrice ou sexuelle) ?**
  Par exemple : « Si je suis comme ceci ou comme cela, peut-être ne serai-je pas assez jolie », « Pour plaire aux hommes/à la société, je dois m'appliquer à agir comme il se doit… », « Je dois m'épiler/porter un soutien-gorge/être gentille/ne pas être trop provocatrice, etc. ».

En déjouant vos pièges inconscients et en découvrant la beauté de votre nature féminine, vous pouvez amorcer un chemin de réconciliation avec vous-même et sortir enfin de l'impuissance. Petit à petit, un déploiement s'opérera, une mue se dessinera. Vous touchez notre essence, vous goûtez et touchez du bout des doigts les espaces endormis qui ne demandent qu'à s'éveiller. Pour cela, vous pouvez saluer la femme en vous, lui dire des mots doux, lui offrir des gestes réconfortants ou des rendez-vous introspectifs. Accordez-vous ces moments de pause, observez, écoutez, sentez. Allumez une bougie, laissez une musique inspirante vous guider. Votre corps est un temple béni, prenez conscience de chacune de ses parties : votre ventre, votre matrice divine, votre utérus, votre grotte sacrée, votre portail céleste, votre *yoni*, puis vos racines, vos pieds, vos jambes, votre poitrine, vos seins, votre cœur, votre couronne, et enfin votre âme, votre nature de femme sacrée.

Lancez-vous et commencez ce voyage sacré au cœur de vous-même, chère femme. Il est temps de rayonner, d'honorer la déesse en soi !

Acceptez les passages initiatiques de votre existence

Découvrir la déesse en soi, c'est également comprendre, accepter, traverser tous les passages de transformation : les âges, les passages de la vie, les circonstances que vous êtes amenée à traverser, comme une séparation, un deuil, une blessure, qui sont des initiations.

Ces pèlerinages intérieurs nécessitent que vous vous abandonniez au changement, que vous acceptiez, que vous n'émettiez pas de résistance, puis que vous reconnaissiez ce que vous observez et adoptiez un regard bienveillant.

Progressivement, cette petite voix intérieure (celle qui vous parle parfois et qui sait) devient plus claire. Nous naissons avec ce lien particulier à notre âme, notre potentiel inné. Malheureusement, par obligations familiales et pressions extérieures, nous avons dû nous adapter à notre environnement et aux normes imposées afin de créer une personnalité conventionnelle, acceptée par notre entourage et la société.

Il faut parfois s'éloigner de soi-même pour mieux y revenir.

Il faut parfois prendre d'autres sentiers, affronter des crises, des ruptures, des remises en question, se dépouiller, pour prendre conscience de notre caractère précieux et unique afin de changer de cap et nous éveiller. En franchissant ces petites morts, ces cycles de renaissance (vie, mort et résurrection) que vous êtes amenée à affronter lors des événements de la vie quotidienne, vous trouvez en vous les ressources à votre résurrection, celles du dépouillement, du lâcher-prise, du discernement, de la guérison et du cœur. Ces épreuves initiatiques, chevaleresques au féminin, ouvrent en vous d'autres possibles. Suivez-en quelques-unes, comme une valse de soi à soi :

- Marcher dans la nuit noire de ses profondeurs et trouver son feu intérieur, celui qui active une transformation et qui permet de voir au-delà des apparences. C'est en éclairant nos pas dans l'obscurité de notre être que l'on peut ainsi toucher, ressentir, goûter et reconnaître toutes les connaissances intimes et psychiques que l'on possède.

- Se perdre dans les bois et trouver les ressources pour affronter nos démons.

- Se délester de nos valises bien lourdes et jeter les larmes qu'elles contiennent dans les bras de la mer.

- Méditer en haut de la montagne et voir le jour nouveau embrasser notre vulnérabilité.

- Se dépouiller de nos oripeaux et fardeaux, les brûler dans un feu de joie.

Ces épreuves symboliques ou magiques brisent les chaînes des croyances et des hérédités. Elles affirment votre quête d'enracinement et mettent en valeur votre identité profonde. C'est une nouvelle part de soi qui émerge de votre intériorité, une nouvelle expression de vous qui s'impose, une vérité reconnue : **je suis née femme et déesse, je suis unique et divine, je parcours ce chemin de lumière en moi et autour de moi.**

En faisant briller notre lumière, nous offrons aux autres la possibilité d'en faire autant.

Nelson Mandela

De la naissance à la mort, votre vie s'écoule de passage en passage. Vous pouvez parfois expérimenter des étapes difficiles, incomprises, contradictoires, des moments de crise, des remises en question de soi, de ses valeurs, des questionnements quotidiens.

Les rituels partagés entre femmes permettent d'ouvrir un espace de discussion et de transition. C'est un lieu de déliaison et de liaison, pour que les séparations ne soient pas des ruptures, pour donner du sens à sa vie et se reconnecter à qui l'on est. En naissant femme, vous êtes déjà confrontée à ces traversées physiologiques, émotionnelles à travers les moments phares de votre vie que sont la naissance, la puberté, le cycle féminin, la grossesse, la ménopause : toutes sont des voies de maturité, d'amour de la déesse en vous.

PARTIE

2

LES ARCHÉTYPES DU FÉMININ SACRÉ

Suivre la voie du féminin sacré nécessite de se familiariser avec les archétypes du féminin. Cela revient à suivre un sentier déjà emprunté par d'autres femmes mais qui demeure néanmoins un chemin d'apprentissages et de connaissances. C'est ouvrir un livre sur soi pour apprendre sur soi.

QU'EST-CE QU'UN ARCHÉTYPE ?

L'archétype est un concept appartenant à la psychologie analytique élaborée par le psychiatre suisse Carl Gustav Jung (1875-1961). C'est un modèle emblématique issu de l'inconscient collectif et figuré sous une forme symbolique, un mythe universel que l'on trouve à toutes les époques, dans toutes les cultures et les religions de l'histoire de notre humanité. Ses représentants (héros et héroïnes) délivrent les mêmes messages à travers leurs péripéties. L'habit change, mais pas l'initiation qu'ils nous confient.

Selon Jung, les concepts se perpétuent à travers ces expériences humaines, ils sont « la valise, la mémoire, notre inconscient collectif, l'héritage sans frontières dans nos âmes immortelles ». Connaître les archétypes en soi, c'est retisser avec sa grandeur, sa capacité à cheminer vers la paix intérieure, renouer avec son essence, un être incarné et spirituel. C'est également posséder des clés vers les savoirs, la connaissance personnelle, afin de s'accompagner au quotidien vers un sentiment de plénitude.

MIEUX SE CONNAÎTRE GRÂCE AUX ARCHÉTYPES FÉMININS

La femme en vous possède plusieurs facettes, ce qui vous amène à jouer inconsciemment des rôles nourrissant des schémas répétitifs. Ces structures psychiques ont souvent un parfum de déjà-vu, en lien avec votre généalogie universelle ou individuelle. Cette généalogie universelle peut être comparable à une grande forêt où chaque arbre, par ses branches et ses ramifications, fait partie d'un grand tout. Vos pas, vos désirs et vos rêves se mêlent à ceux de vos ancêtres, proches ou plus éloignés. L'ensemble de ces touffus dessine des archives, des scénarios multiples. Le fil de votre histoire vous amènera à les traverser selon les pions de l'échiquier. Ainsi, vous pouvez être la jeune fille, la mère, l'amante, la vieille femme, la femme sauvage, la rebelle, la femme guerrière, la guérisseuse, la magicienne, l'artisane, la créatrice, l'infidèle, la courtisane, la pieuse, la sacrifiée… Certains archétypes féminins semblent fantasmagoriques, d'autres plus enclins à ressembler à votre dimension humaine (femme de cycle et de passage).

Il me semble salvateur de se laisser enseigner par des archétypes connus depuis la nuit des temps, par leur histoire qui sait guider notre quête de liberté. S'accompagner de ces archétypes féminins permet de se rencontrer, de trouver en soi une alliée, puis doucement, à sa façon, de l'intégrer.

Nombreuses sont les figures féminines qui ancrent fortement notre imaginaire et nos inspirations : déesses de la mythologie (grecque par exemple), femmes de la Bible, mystiques ou femmes reliées à d'autres spiritualités, personnages de contes ou de récits légendaires, femmes qui ont marqué l'Histoire ou encore celles qui sont restées dans l'ombre… Isis, Marie Madeleine, la fée Morgane, la Loba, la reine de Saba, Tara, Marie, Salomé, la Baba Yaga, la petite marchande d'allumettes…

Jean Shinoda Bolen, psychiatre-analyste jungienne, propose à travers son livre *Goddesses in Everywoman* (*Les Déesses dans chaque femme*) de retrouver des archétypes spécifiquement féminins qui s'activent chez nous toutes. Selon l'auteure, la reconnaissance de ces archétypes permet de découvrir plus facilement les femmes à travers leur présent, leur passé et d'identifier leurs obstacles et leurs forces.

D'autres auteures également, comme Christine Champougny-Oddoux dans *Femme et déesse tout simplement*, nous présentent un ensemble de déesses grecques bien connues comme outil pertinent pour se connecter au féminin sacré. Comme nous l'avons vu, les déesses grecques sont les héritières de la Grande Déesse qui fut vénérée et honorée, à la fois comme créatrice et destructrice de la vie, aux temps reculés du matriarcat.

Chaque archétype féminin que l'on découvre est porteur d'un message, celui d'une vie en relief, à la saveur unique. Notre destin de femme nous semble alors plus limpide.

L'histoire d'Isis et celle de Marie Madeleine sont intéressantes dans la mesure où elles montrent à quel point le masculin a besoin du féminin pour renaître et se métamorphoser. De même, le féminin a lui aussi besoin du masculin pour se révéler. Ces deux mythes, véritables processus de transformation intérieure, sont aussi l'expression énergétique qui transcende le féminin et permet l'union du cœur de chacune.

ISIS – LA GRANDE MÈRE

La déesse Isis, incarnation du féminin sacré, est une reine mythique, déesse funéraire de l'Égypte antique. Connue pour être la grande magicienne, elle exerçait sa puissance bienfaisante dans la vie quotidienne des Égyptiens mais également avec les puissances de l'au-delà. Isis est le nom grec de la déesse, anciennement Aset, qui signifie « siège » ou « trône ». Elle épousa son frère, Osiris. Celui-ci fut assassiné par Seth, leur frère jaloux, qui dépeça son cadavre et dispersa les quatorze morceaux. Isis, éplorée, parcourut les eaux du Nil à la recherche des morceaux de son époux. Elle n'en retrouvera que treize. (Dans le chemin du féminin sacré, on enseigne que le chiffre treize correspond au nombre de lunes du cycle menstruel annuel de la femme. C'est pourquoi Isis est connue en tant que déesse lunaire.) Ramené à la vie par son épouse, Osiris devint alors le dieu des morts. Isis donna naissance à leur fils, Horus, un être fabuleux dont les deux yeux sont le Soleil et la Lune. La naissance d'Horus symbolise la réparation de notre enfant intérieur[1]. Cette navigation initiatique, travail alchimique de l'ombre vers la lumière, nous suggère à nous, femmes, de mettre à l'œuvre nos capacités à traverser nos émotions, à transcender nos blessures et à surmonter ces épreuves.

La déesse Isis, grande guérisseuse, possède des outils magiques qui symbolisent son puissant pouvoir féminin : un bateau (le Soi), un miroir en forme de lune (la lumière intérieure), une ceinture à nœuds rouges à la taille (le cycle féminin) et la croix d'ânkh, connue sous le nom de croix de vie.

L'histoire d'Isis est l'histoire de chaque femme, lorsque son parcours de vie la conduit à entreprendre une quête, qu'il s'agisse d'une guérison, d'une quête spirituelle ou vitale. Elle s'engage sur la voie de la conscience, du cœur, de la foi par amour de soi, de la vie. Elle décide et met en action le repêchage des parties manquantes de son être afin de retrouver la complétude.

1. L'enfant intérieur est un concept utilisé dans diverses thérapies contemporaines pour désigner la part enfantine ou infantile que nous avons été et qui subsiste en chaque adulte. Nous pouvons retourner psychiquement et énergiquement vers notre enfant intérieur afin de comprendre, d'aider l'espace où l'enfant a été blessé et le traumatisme inscrit qui y est bloqué. Il est de même pour simplement une croyance, une filiation douloureuse que l'on continue de porter, de croire telle une fatalité familiale.

MARIE MADELEINE – HONORER LE FÉMININ SACRÉ

Marie Madeleine était originaire de Magdala, une petite ville au bord du lac de Tibériade, d'où son nom : Marie la Magdaléenne ou Myriam de Magdala. Elle fut chassée avec plusieurs disciples lors des premières persécutions contre les chrétiens. Embarqués sur une simple barque, ils débarquèrent comme par miracle sur les rivages du sud de la Provence, plus précisément sur une terre qui fut par la suite nommée les Saintes-Maries-de-la-Mer. Marie Madeleine vint marcher sur la terre du sud de la France pour apporter ses puissantes paroles, et surtout sa puissante présence. Elle prêcha à Marseille en compagnie de Lazare puis s'établit dans une montagne éloignée. Elle demeura tel un ermite dans une grotte qui porte son nom aujourd'hui : la Sainte-Baume. Marie Madeleine assista à la mort du Christ sur la croix et fut le premier témoin de sa résurrection (les femmes étaient très présentes auprès de Jésus et de nombreux chercheurs théologiques affirment que Jésus leur accordait une place toute particulière à ses côtés). Les Évangiles apocryphes soulignent sa proximité affective et spirituelle avec le Christ. Mais l'Église s'est évertuée pendant des siècles à minimiser le rôle de l'apôtre des apôtres. Reconnues depuis le 22 juillet 2016, jour de sa fête, des célébrations liturgiques sont données pour la sainte Marie Madeleine.

Marie Madeleine réunit plusieurs visages du féminin dans l'inconscient collectif. Elle navigue de l'obscur au sacré ; elle est la prostituée, l'âme repentie, l'ermite, l'évangéliste, l'initiée, l'initiatrice, la guérisseuse, la messagère, la sagesse incarnée, la prêtresse du féminin sacré, porteuse de l'enseignement christique, la gardienne des onctions médicinales guérisseuses mais aussi l'amour infini, l'épouse cosmique, celle qui réunifie le masculin et le féminin en soi et à travers soi.

Dans le chemin du féminin sacré, Marie Madeleine résonne très fort dans le cœur des femmes et des hommes car elle symbolise un archétype qui reconnaît et réactive le divin en soi. Elle nous amène à ouvrir notre cœur et notre conscience à l'amour inconditionnel.

L'ère du Verseau

Marie Madeleine revient s'incarner en chaque femme à l'entrée dans l'ère du Verseau[2]. En effet, astrologique-

2. Annoncée depuis longtemps par les astrologues, l'ère du Verseau guidé par Uranus s'installe lentement, portant de grands changements,

ment parlant, nous avons traversé différentes ères au cours de l'humanité. On sait que la terre met 25 920 ans à passer, en mouvement rétrograde, à travers les douze constellations. Elle met donc plus ou moins 2 160 ans à traverser chaque signe du zodiaque. C'est l'infime, quasi imperceptible déplacement du point vernal que l'on nomme mouvement de précession des équinoxes[3]. Les périodes portent le nom d'ères. Chaque ère dure environ 2 160 ans. Le Verseau a pour fonction d'éveiller les consciences. Il est quête de liberté, de profondes mutations. Il est vecteur d'avancées impressionnantes dans les domaines scientifique, culturel et technologique.

En conséquence, dans cette ère de profonde mutation, nous pouvons encore ressentir l'énergie de Marie-Madeleine, ses vibrations sur les terres où elle a marché, prié, médité… Elle incarne la résurrection de l'énergie de lumière et d'amour du féminin divin en nous-même. Se reconnecter à Marie Madeleine est une invitation à rallumer la flamme créatrice d'un puissant vortex

dont les prémices se font sentir, sont prévues et nous interpellent à quitter l'ancien « système » et nous ouvrir à d'autres voies plus humanistes, plus spirituelles.

3. La précession des équinoxes est le décalage progressif de la direction où sont vues les étoiles, d'un siècle à l'autre, à raison d'une rotation complète, tous les 26 000 ans environ, effet accompagné par un lent changement de direction de l'axe de rotation de la Terre, dans la même durée.

énergétique en sa matrice, en son temple sacré, afin qu'elle puisse émerger à tous ses pouvoirs divins.

Peut-être connaissez-vous cette notion de vortex énergétique, plus précisément cosmo-tellurique, que l'on rencontre dans l'enceinte des lieux sacrés ou sur des sites en pleine nature, éloignés de l'emprise humaine ? Ces spirales longues, invisibles, existent depuis des temps immémoriaux. Elles ont pour vocation de nous élever à leur contact, permettant aux vibrations, aux forces magnétiques de nous guider pour ouvrir notre champ de conscience.

La femme, par son utérus, son chaudron créatif, possède un centre énergétique sans le savoir. Pour y accéder, ou plus justement pour l'activer, l'apprentissage et le travail sur soi seront nécessaires. Pour cela, la femme chercheuse dirigera ses pas vers les philosophies orientales comme le tao, le yoga, le tantra, le chamanisme féminin… Elle y découvrira et abordera de précieux outils (pratique corporelle, hygiène de vie, rites initiatiques, connaissance de soi) permettant d'éveiller ou de réveiller la force de vie en elle, celle que les hindous qualifient de « shakti[4] ». Le mouvement enclenché invi-

4. Signifie pouvoir. C'est une notion fondamentale de l'hindouisme. Elle est associée au principe féminin et personnifiée par la déesse hindoue Devi. Elle sert à désigner l'énergie dynamique féminine, ou principe actif dans les voies du tantra.

tera la femme à partir à la conquête, à la rencontre de son temple intime.

Dans cette enceinte (votre corps, votre sexe) inestimable, je vous suggère de porter votre regard (en méditant, en observant) sur votre *yoni* (appellation sanskrite du sexe féminin), puis votre utérus, vos ovaires jusqu'à sa racine : votre périnée, puis vers votre ventre (qui est associé au chakra sacré : le svadhisthana).

LES CHAKRAS

Les chakras sont des roues énergétiques issues de la philosophie énergétique spirituelle de l'Inde. Nous possédons tous sept chakras principaux situés le long de la colonne vertébrale, du périnée jusqu'au sommet du crâne.

Le deuxième chakra (celui du bas-ventre jusqu'au nombril) est symbolisé par un lotus à six pétales de couleur orange. On dit qu'il influence les émotions, la relation avec les autres, le partage, les plaisirs, les désirs, la sexualité, la procréation, la vitalité, la joie de vivre, l'estime de soi et la relation à l'argent.

Nous pouvons conscientiser ce chakra et percevoir les déséquilibres ou les forces qu'il nous apporte.

...

…

Des richesses insoupçonnées se dessinent dans ce lieu intime, des richesses d'apprentissage et de révélation de la femme sacrée que vous êtes. Pour vous aider à les reconnaître et les appréhender, pratiquez des exercices simples au quotidien tels que des sons (mantra, prière indienne comme le célèbre « Ôm »), des respirations, des visualisations, des mouvements du bassin… Ils enclencheront une salve d'énergie de libération et de guérison. Les ressources acquises par les pratiques et conseils mentionnés au-dessus et mis en exercice installeront avec félicité l'homéostasie dans notre espace sacré (le ventre).

Selon une ancienne prophétie andine,
le jour arrive où l'esprit féminin se
réveillera de sa longue léthargie et luttera
pour effacer la haine et la destruction
et donner finalement naissance
à un monde de paix et d'harmonie.

Hernán Huarache Mamani,
La prophétie de la femme médecine.

LA FEMME MÉDECINE

L'archétype de la femme médecine fait écho à de nombreuses femmes. C'est la guérisseuse, « celle qui prend soin ». Par sa nature féminine, la femme possède une capacité à soigner, soulager, chouchouter, écouter, panser. L'homme, de son côté, n'est pas coupé de cette valeur ; s'il parvient à rencontrer sa polarité féminine, il est alors en mesure de laisser sa sensibilité s'exprimer et sera plus à même d'être dans une attitude emphatique avec le monde qui l'entoure. À l'inverse, une femme qui est coupée de son essence féminine et dont la polarité masculine est plus manifeste coupera sa sensibilité à l'autre.

La femme médecine est un savant mélange de l'énergie féminine yin, l'intuition, et de l'énergie yang, la force et la détermination.

La femme médecine est l'un des archétypes féminins les plus oubliés et réprimés de l'Histoire. Pendant des siècles, les femmes utilisaient le pouvoir des plantes, les incantations et les prières pour soigner leur tribu. Celles qui connaissaient ces remèdes devenaient les guérisseuses de leur village. Les femmes étaient les accoucheuses, les sages, les visionnaires, les gardiennes, les lavandières, les sorcières, les magiciennes, les prêtresses, les herboristes. Initiées depuis la nuit des temps, elles possédaient le savoir du cœur, des étoiles et de tout ce que la nature nous offre généreusement pour le mettre au service de la guérison.

Vous êtes la femme médecine, la guérisseuse, la chamane, la médiatrice qui officie pour l'humanité ; vous êtes toutes ces femmes. Il est temps de réveiller vos pouvoirs, vos passions innées, vos talents !

Si vous suivez la voie de cet archétype, votre travail apportera l'équilibre et la guérison nécessaires au monde. Ainsi, par son expression, le féminin est sacré et guérit. Il restaure l'harmonie, cicatrise les blessures de l'humanité et de la Terre, œuvre pour un monde apaisé. En tant que femme médecine, vous pouvez vous investir pour le bien de l'humanité, prendre soin de vous et d'autrui. Revêtez le costume des enseignantes, des guérisseuses, des conseillères, des guides, des formatrices, des organisatrices, des militantes sociales, des chercheuses spirituelles, des femmes d'affaires, des visionnaires, des communicatrices, des artistes, des artisanes, des sages-femmes, des infirmières, des médecins, des psychologues, des thérapeutes… Vous êtes toutes ces femmes !

LA FEMME SAUVAGE, LA *LOBA*

Le concept de la femme sauvage a été élaboré par Clarissa Pinkola Estés dans son célèbre ouvrage *Femmes qui courent avec les loups*. L'auteure, formée en ethnologie et en psychologie clinique, retrace des contes et légendes traditionnels et les analyse avec un regard psychanalytique. C'est ainsi qu'elle parvient à faire revivre l'âme de la femme sauvage. Un des contes, *La Loba*, (« La Louve » en espagnol) retrace l'histoire d'une vieille femme qui part dans le désert ramasser des os (reconstituer les parts de soi) pour faire jaillir la louve en elle.

L'appel du large, les mains dans la terre,
connectez-vous à vos instincts,
c'est un besoin vital.

L'archétype de la femme sauvage fait écho à la dimension animale en nous, à un comportement primitif… Cette femme sauvage, nous la rencontrons quand nous laissons nos forces instinctives nous guider ; quand nous nous autorisons à ne plus être simplement le sujet de notre vie mais à devenir responsable de notre vie ; quand nous passons à l'action ; quand nous chantons à gorge déployée ; quand nous marchons pieds nus dans la nature, ne cherchant pas à ressembler à une autre ; quand nous exprimons notre singularité et osons révéler toute notre beauté. Nous sommes, à mes yeux, comme la déesse Artémis, chasseresse et lunaire : rien ne la retient, elle n'a aucun fil à la patte !

Le fauve en vous vous fait-il si peur ?
Si vous le laissez voir le jour et prendre corps,
est-il si sanglant, si primaire ?

Le mot « sauvage » n'est pas employé ici dans son sens moderne ou avec une connotation péjorative (pour signifier quelque chose ou quelqu'un qui échappe à tout contrôle), mais dans son sens originel : vivre une vie naturelle, en accord avec ses propres rythmes biologiques, ses aspirations profondes et son âme. Être sauvage, c'est également savoir écouter sa petite voix intérieure, celle qui sait mais qui bien souvent se tait.

C'est pourquoi on raconte que si vous errez
dans le désert au coucher du soleil,
peut-être un tout petit peu égarée et
sans doute fatiguée, vous avez de la chance,
car la Loba peut vous prendre en sympathie
et vous montrer quelque chose –
quelque chose qui appartient à l'âme.

CLARISSA PINKOLA ESTÉS,
FEMMES QUI COURENT AVEC LES LOUPS, *LA LOBA*

Partir à la rencontre de sa *loba*, c'est supprimer le verrou du silence, abattre sa prison intérieure, s'enfuir de sa cage dorée pour laisser surgir sa nature sauvage unique, cet élan, celui de son âme. Dans notre parcours de femme, nous retrouvons la *loba* dans les moments forts où l'instinct et la détermination reprennent le dessus, comme lors de la grossesse, de l'accouchement ou quand on protège ses enfants. L'instinct animal rejaillit ; la louve guette, renifle, mord, se retire dans les bois, écoute. La femme sauvage se réveille également quand nous retournons dans les bras de terre-mère : quand nous jardinons, marchons dans la forêt, dormons à la belle étoile, retournons à nos essentiels.

L'ANIMUS

Se reconnecter à sa femme sauvage, c'est également accepter et accueillir son *animus*, c'est-à-dire la part masculine en soi. Notre *animus* est principalement orienté vers l'extérieur et l'activité, il se caractérise par des qualités telles que le courage, l'affirmation, l'intelligence rationnelle et analytique. Une femme qui autorise sa part masculine à s'exprimer a souvent plus de facilité à communiquer avec la gent masculine, peut-être pour l'avoir plus fréquentée dans son quotidien pendant l'enfance. Les hommes lui paraissent moins étrangers, elle perçoit également la part féminine en eux (*anima*), leur sensibilité.

Recontacter son *animus* permet l'autorisation, la validation et l'expression de la femme sauvage en soi.

C'est parallèlement revenir à cette source, ressource primordiale de l'essence du féminin que beaucoup d'entre nous ont laissée en jachère, enfouie sous de nombreux conditionnements.

La femme sauvage effraie le monde et ses conventions, c'est pourquoi la culture occidentale a très souvent tenté de la museler ou de la dompter. Avez-vous remarqué à quel point les femmes sont programmées par la société bien-pensante ? Une petite fille doit être sage, une dame qui vient de se marier doit être une bonne épouse, une femme doit être séduisante ou bienveillante, une femme bien élevée doit être à l'écoute, etc. Toutes ces injonctions sont ancrées dans chaque recoin de notre être. Il n'est pas facile de s'autoriser à ne pas se conformer à la norme, d'exprimer sa colère et ses émotions, d'accepter sa singularité. C'est tout un parcours de lucidité, d'affranchissement et d'autorisation qu'il faut envisager et entreprendre. Pour cela, nous pouvons nous inspirer de femmes « louves », jeunes et moins jeunes, des femmes qui ont bravé les interdits : Olympe de Gouge, Greta Thunberg, Rosa Parks, Marie Curie, Circé, Jeanne d'Arc… Tout comme la louve a besoin de sa meute, nous avons besoin du soutien de nos sœurs pour nous affranchir. Et nous pouvons parfois être celle qui tend sa main à une louve naissante ou renaissante pour l'accompagner sur son chemin d'évolution et d'affirmation, pour qu'elle ose ÊTRE.

LA SORCIÈRE

La sorcière, la médecinienne, la miresse,
la Bonne Dame, la Belle Dame (Belladona),
la saga, la sage-femme, l'Armide,
la cartomancienne, la guérisseuse,
la harpie, la mégère, la magicienne, l'oracle,
la prophétesse, la fée, vous, moi.

PASCALE D'ERM, *SŒURS EN ÉCOLOGIE*

Retour sur la chasse aux sorcières

Durant plusieurs siècles, des chasses aux sorcières ont été organisées dans toute l'Europe, tuant des millions de femmes innocentes. Entre la fin du XVe et le XVIIe siècle, les historiens ont compté au moins 200 000 procès en sorcellerie. Entre 50 000 et 100 000 femmes furent brûlées, d'autres furent torturées, battues, parfois à mort.

On retrouve dans de nombreux récits, aussi bien bibliques que mythologiques, des personnages féminins qui incarnent l'origine du mal (Pandore, Lilith, Ève…), ce qui renforce le sentiment de méfiance à l'égard des femmes. Le Moyen Âge est une époque particulièrement misogyne où le discours à l'encontre des femmes est souvent très négatif. Les femmes étaient confinées dans l'espace privé de la famille, vouées aux tâches domestiques. Ce sont elles qui élèvent les enfants ou qui soignent les habitants du village. Et au moindre événement malheureux (par exemple, une maladie inexpliquée ou qui s'aggrave brutalement, un accouchement qui tourne mal ou du bétail qui meurt mystérieusement), c'était généralement une femme qui était accusée d'en être responsable et d'avoir commis volontairement ce mal en pactisant avec le diable. Selon la croyance de l'époque, une sorcière aurait été détournée du bon chemin et séduite par les tromperies des démons.

Les femmes accusées de sorcellerie étaient souvent des femmes qui soignaient (guérisseuses, sages-femmes, herboristes…) mais également beaucoup de femmes vivant seules (veuve ou célibataire sans enfant) étaient persécutées.

Les femmes auraient moins de foi et de morale que les hommes, raison pour laquelle elles cèdent facilement au diable pour exercer la sorcellerie et « folâtrer avec les démons ».

MALLEUS MALEFICARUM, *MARTEAU DES SORCIÈRES*

Nous portons ces mémoires en nous !

Nous sommes les petites-filles des sorcières que vous n'avez pas réussi à brûler. Manifeste salutaire, saluant le combat des femmes, monté sur scène par Christine Delmotte.

L'archétype de la sorcière

Visiter l'archétype de la sorcière, c'est aller contacter la sorcière en nous, celle qui nous habite à travers les contes et la mythologie, notre part d'ombre. Cette sorcière universelle, nourricière et destructrice, nous initie dans nos profondeurs obscures pour trouver la lumière en nous, celle qui facilite l'accès, afin de retrouver le chemin de notre pouvoir personnel. Elle nous permet d'affronter l'irrationnel et d'interroger les grands mystères.

La sorcière est également une figure emblématique du féminisme dans les années 1970. Elle représente la voix des femmes et symbolise la libération de la domination masculine. Les féministes de cette période ont revendiqué cette identité de sorcière en ajoutant parfois à cette démarche politique une pratique spirituelle liée au monde naturel. La revue *Sorcières* fut publiée à Paris de 1976 à 1981 sous la direction de Xavière Gauthier. À la même époque, Anne Sylvestre chantait *Une sorcière comme les autres* en Italie, et les féministes déclamaient : « Tremblez, tremblez, les sorcières sont de retour ! ». C'est à une Américaine, Starhawk, que l'on doit l'articulation entre revendication féministe et pratique spirituelle. La sorcière incarne un courant féministe et progressiste. Elle a été, avec son *coven*[5] de tous les rassemblements altermondialistes.

Les femmes indépendantes, moins dociles,
ont été jugées dangereuses par une élite
masculine soucieuse de ses prérogatives.

Et aujourd'hui encore, leur indépendance
n'est pas toujours regardée d'un bon œil.
Une forme moderne de chasse aux sorcières
subsiste au XXIe siècle[6].

MONA CHOLLET

La sorcière est un archétype féminin qui vient nous interroger, comme celui de la femme sauvage, sur notre liberté d'affirmation. Toutes deux, souvent en marge de la société, proches de la nature, sont connectées à elles-mêmes en utilisant leur intuition.

La sorcière, c'est notre puissance ancrée, solidement reliée aux énergies telluriques, aux animaux, à la terre-mère. Elle connaît les énergies magnétiques, les courants invisibles impulsés par le cœur de la terre qui

5. Clan de sorcières.

6. https://www.bobonnemagazine.com/2018/10/31/sorcieres/

se propagent. Les réseaux se dessinent et permettent de lire entre les lignes, de connaître l'histoire d'un site, sa vibration, sa source cachée, son message à celui qui tend l'oreille, de percevoir le gardien ou la gardienne du lieu. Une sorcière connaît tout cela ! C'est aussi la quatrième phase du cycle féminin : le carmin rouge (voir le chapitre sur le cycle menstruel), lorsque nous devenons visionnaires, si sensibles et créatrices que nous percevons le monde avec une autre réalité que celle qu'il nous laisse voir.

Où sont les sorcières aujourd'hui ?

Aujourd'hui, les femmes engagées, féministes, écologistes revendiquent leur appartenance aux sorcières. Sorcières des villes ou sorcières des champs, elles partagent le même combat contre le patriarcat et investissent des champs d'action pour préserver la planète, la vie, et défendre les droits des femmes.

L'ÉCOFÉMINISME

De nombreuses sorcières agissent sur les voies de l'écoféminisme, terme employé pour la première fois en 1974 par Françoise d'Eaubonne dans son ouvrage *Le Féminisme ou la mort*. Contraction des mots « écologie » et « féminisme », l'écoféminisme est un courant de pensées philosophique, éthique et politique qui lutte contre l'organisation sexiste de la société et la destruction de l'environnement.

Les sorcières des temps modernes œuvrent sur bien des continents. Voici quelques-unes de ces femmes inspirantes :

- **Vandana Shiva** : écrivaine, militante féministe, écoféministe, Indienne et engraineuse. Elle est une combattante aguerrie contre les OGM et lance Navdanya, un centre de formation agricole ainsi qu'un mouvement de sauvegarde des semences.
- **Mélanie Laurent** : actrice engagée, qui avec Cyril Dion impulse et crée le film intitulé *Demain*, documentaire qui met en avant intelligemment les petites comme les grandes initiatives citoyennes visant à changer/améliorer le monde.
- **Wangari Muta Maathai** : écoféministe kényane, première Africaine à recevoir le prix Nobel de la paix, en 2004. Wangari Muta Maathai est une précurseuse car elle fonde fin des années 1970 le Mouvement de la ceinture verte, qui encourage les populations locales, et surtout les femmes, à planter des arbres

pour restaurer les sols, lutter contre la déforestation et empêcher la confiscation des terres.

- **Jane Goodall** : éthologue, anthropologue, femme inspirante dans le domaine de l'environnement, de la recherche, de la préservation de la biodiversité. Elle est connue pour son activisme environnemental pour la protection des animaux et de la planète.
- **Lucy Mulenkei** : femme Massai, co-fondatrice et co-présidente de Women Biodiversity Network et directrice exécutive de Indigenous Information Network. Un réseau qui collabore avec les communautés autochtones, locales du Kenya pour mettre en place des projets autour de l'environnement, du développement durable, des droits des femmes.
- **Emma Watson** : actrice féministe engagée pour l'écologie. Elle met son statut de star internationale au service de l'écologie et de l'environnement et des droits des femmes
- **Starhawk** : sorcière des temps modernes, écrivaine et pionnière de l'éco-féminisme aux États-Unis. Elle est la voix qui s'élève parmi les activistes altermondialistes, les féministes, les antinucléaires… Elle a notamment participé à des rituels dans le but de protester contre des installations nucléaires. Elle cherche à permettre à toutes les femmes, à travers ses livres

et formations, de prendre conscience de leur pouvoir, de leur force spirituelle, et de l'énergie de la nature.

- **Greta Thunberg** : jeune Suédoise, activiste, engagée pour l'écologie, qui du haut de ses 16 ans, milite et inspire la jeunesse du monde entier. Elle lance en 2018 la « grève scolaire pour le climat ». Elle reçoit plusieurs prix pour son militantisme.
- **Mata Amritanandamayi** : connue pour ses *free hugs*, en quelque sorte une calinothérapie. Elle est fondatrice de l'ONG humanitaire et écologique « Embracing The World » située au Kérala. Mata Amritanandamayi (appelée Amma) est une figure spirituelle indienne. Depuis son adolescence, Amma aurait pris dans ses bras plus de trente-trois millions de personnes. Elle declare : « Ma religion est l'amour ».

Les femmes sont-elles toutes des sorcières ?

Les sorcières souhaitent participer au changement du monde que nous vivons, écologiquement et socialement. Elles invitent à se rassembler autour de festivités, en toute sororité, comme le pratiquaient les sorcières bien avant, lors des « sabbats[7] ». Cercles de femmes,

7. Dans le folklore européen, on appelle « sabbats » les supposées assemblées nocturnes de sorcières, lesquelles donneraient lieu à des banquets, des cérémonies païennes.

tentes rouges (voir l'encadré ci-après), retraites féminines… toutes ces célébrations permettent de partager et d'échanger autour du féminin, d'honorer la femme que nous sommes. Ces rituels naissent, renaissent, se tissent, s'inventent en lien avec la lune, les saisons, le cycle féminin. La magie infuse, les herbes brûlent, les tambours jouent, elles dansent en toute liberté, reliées au grand tout, à grand-mère lune.

LES TENTES ROUGES

Les tentes rouges sont des groupes de parole de femmes qui racontent leurs histoires dans un espace intime d'échange, de transmission, de soutien.

La tente rouge fait référence à une tradition ancienne de regroupement des femmes en un lieu qui leur est dédié, pour partager, célébrer les petits et grands événements de leur vie, de leur féminité…

C'est aussi un roman : *La Tente rouge*, écrit par Anita Diamant, qui raconte les tribulations de Dinah. La fille de Jacob et sa tribu de femmes se retrouvent dans cet espace lors de leurs menstruations et de tous les autres passages de la vie des femmes. Le livre a influencé la création de ces tentes.

On pourrait qualifier de sorcière toute femme qui cherche à renouer avec son féminin sacré, toute femme en quête d'une autre connexion au monde. Bien souvent, ces femmes-sorcières dirigent leurs pas vers les médecines douces, la naturopathie, l'aromathérapie, la tarologie, l'astrologie et d'autres pratiques liées à l'épanouissement personnel et collectif. Elles apprennent à se faire confiance, à suivre leur instinct, leur intuition, leur guide intérieur, celui d'une féminité bienveillante, puissante et libre.

*

Les archétypes que nous avons abordés sont des figures représentatives du féminin sacré, mais il en existe bien d'autres archétypes et d'autres histoires de femmes pour nous enseigner : la chamane, l'amazone, la visionnaire, Gaïa, Déméter, Lilith, la shékina, Kali, Ève… Chaque archétype nous transmet son message.

Avec Marie Madeleine, posons-nous un instant et invitons nos polarités à s'harmoniser : féminin et masculin sacrés. Regardons comment nous pouvons nous affranchir du regard des autres et suivre notre foi, celle d'écouter l'expression du soi et toujours en accord avec son cœur.

Avec Isis, la magicienne, développons l'affirmation de notre pouvoir créateur, en nous reconnectant à notre créativité personnelle, en osant révéler nos talents naturels, nos dons.

Avec la *loba*, la femme sauvage, nous développerons le positionnement juste, c'est-à-dire nous actionnerons notre élan vital, notre détermination en plaçant nos envies et nos désirs au centre de notre vie. Nous saurons faire face aux épreuves et avec justesse recollerons les morceaux abîmés de notre psyché, nous guérirons nos plaies, afin qu'elle devienne « lumière » enseignante du véritable « soi ».

Avec la sorcière, celle qui lit les mystères, nous sortirons des bois, de notre cabane. L'intuition, la confiance en soi seront nos leitmotivs. Nous n'avons plus rien à craindre, ni bûcher, ni rapport de force, nous pouvons œuvrer pour la terre et nos frères et sœurs, en toute légitimité.

Parce que les femmes se revendent au
monde d'une myriade de façons… toutes les
incarnations possibles du fait d'être femme
– pour accueillir enfin la communauté
des femmes qui vivent en nous…

Dominique Christina,
Toutes les femmes qui sont en moi :
20 archétypes féminins pour trouver l'équilibre

PARTIE 3 — SE RECONNECTER À LA NATURE

Je veux parler de la féminité, de notre corps de femme, de mon désir de réunir des femmes pour partager nos expériences et découvrir une médecine naturelle proche de nous, que l'on peut côtoyer, comprendre et intégrer. Apprendre à lire le langage génital et percevoir les messages encodés de nos vaginites et de nos douleurs menstruelles, célébrer nos seins, s'engager dans la voie de l'utérus et décider de faire notre propre révolution pour devenir peu à peu des expertes de nous-mêmes.

Mona Hébert, *La Médecine des femmes*

LA MÉDECINE DES FEMMES

La Médecine des femmes est le titre d'un livre de Mona Hébert, homéopathe, naturopathe et herboriste, qui consacre sa pratique à la santé des femmes. Elle transmet, comme d'autres femmes qui ont emprunté cette voie, les savoirs ancestraux, la « médecine des femmes » : connaître les processus naturels de notre corps, approfondir toutes les ressources que la nature et nous-mêmes pouvons emprunter pour nous auto-accompagner vers l'amour et comprendre notre tempérament cyclique qui, comme les saisons, chaperonne nos pas.

Ce pouvoir, ce Graal en éveil, n'attend que nous pour simplement exister. Il loge dans notre ventre de femme, notre matrice. Il est ce jardin féminin, coffre-fort où la mémoire de lune a laissé son empreinte. La médecine des femmes contient nos « racines de sorcière », comme le distingue également Marie Pénélope Pérès dans son ouvrage *Sagesse et pouvoir du cycle féminin* et son site dédié. Nos racines sont une faculté intuitive que nous avons comme détentrices de savoirs, recettes transmises depuis la nuit des temps, que nos grands-mères nous ont léguées, depuis notre entourage à nos cercles, nos voisines (souvenez-vous, autrefois, les femmes lavaient le linge ensemble).

LE HAMMAM

Au Maghreb dans le hammam et partout où les femmes se racontent, se donnent, se massent, se chuchotent… des secrets, des sagesses, des remèdes de « bonne fame[1] » à base de plantes, les « simples », pour prendre soin de leur tribu.

Pourtant, nous taisons souvent ces dons empiriques, préférant donner autorité aux bien-pensants. Les transmissions s'effilent, passent, se perdent, disparaissent. Nous doutons, nous reculons, nous nous effrayons d'aller à la rencontre de nous-mêmes, de notre corps, de nos cycles. Nous avons encore peur

1. Bonne fame : (du latin *bona fama*) c'est-à-dire de bonne renommée. Il faudrait en toute logique parler de « remèdes bien famés », de « remèdes fameux », ce qui n'a rien de diffamatoire envers les femmes.

des processus naturels, de notre temple sacré, peur de ce qu'il y abrite, de ce qui y vit, de nos désirs à nos rêves, nos émotions. Nous préférons nous dissimuler et perdons énormément de temps à masquer le langage du corps, à cacher notre sang menstruel, les bouffées de chaleur de la ménopause, le corps vieillissant, les seins qui allaitent. Nous préférons être des femmes fortes, des femmes qui maîtrisent les situations plutôt que de simples femmes vulnérables et émotives qui, comme la lune, suivent une courbe constituée de hauts et de bas.

Il est temps de se lever, femmes entières, singulières, cheveux au vent ou blancs, avec des rides ou des vergetures, des rondeurs, de la finesse, des seins gorgés de miel, des cheveux bouclés ou des aisselles poilues : des femmes debout !

Reprenez en main votre carrosse,
votre nature de femme incarnée et sacrée !

Apprenez les sagesses de la terre, que ce soit en plongeant votre nez dans les vieux grimoires poussiéreux ou en partant dans un coin de nature à la recherche des anciens (les bergers, les herboristes, les ermites, les sages-femmes traditionnelles, les guérisseurs, les voyageurs, les papets[2], ceux qui connaissent mère nature, parlent aux grands arbres, observent la montagne, lisent des contes et des légendes et veillent sur notre humanité).

Plus instruite par le cœur, prenez le temps d'observer avec délicatesse et sagesse les cycles des saisons, ceux de la lune et de votre corps… Affûtez vos sens et votre regard. Accordez-vous des moments de rien ; la notion de lenteur est essentielle, celle de ralentir dans ce monde obsédé par la vitesse et l'information virtuelle. Partez à la rencontre de vous-même !

Le pouvoir des plantes

Allez caresser et tendre l'oreille au chant des herbes sauvages, les herbes folles, les mauvaises herbes, celles de vos jardins ou cachées dans les fentes des murs des villes, celles qui soignent, accompagnent, murmurent à votre âme féminine : les simples[3], vos alliées les plantes !

---

2. « Grand-père » en occitan.

3. C'est le nom que l'on donnait au Moyen Âge aux plantes médicinales. Les simples ou « bonnes herbes » sont des plantes vivaces, hormis quelques annuelles, comme la coriandre, le basilic, la bourrache ou le cerfeuil. Elles sont faciles de culture et parfois envahissantes, comme la mélisse, la menthe, le serpolet, l'ortie, la sauge ou le romarin.

L'achillée millefeuille

L'achillée millefeuille est une des grandes plantes des femmes, l'une des plus communes, que l'on rencontre ici et là, dans nos prairies, nos campagnes, sur le bord des chemins… Ce sont les feuilles et les sommités fleuries qui renferment le plus d'actifs et sont utilisées en phytothérapie.

L'achillée est le remède du « guérisseur blessé », selon l'herboriste Christophe Bernard. C'est la plante des professionnels de la santé qui ont tendance à se sacrifier pour aider les autres, mais à se retrouver blessés émotionnellement.

Pour qui, pour quoi ? Elle soulage les troubles féminins tels que les douleurs menstruelles, les aménorrhées et les règles irrégulières. Son action hémostatique permet l'arrêt de l'écoulement du sang, ceci lui vaut d'ailleurs de nombreux surnoms tels que « herbe aux coupures », « herbe à la saignée » ou encore « saigne-nez ». L'herboriste américain Matthew Wood la nomme la « maîtresse du sang ». Elle peut être recommandée notamment pour les femmes souffrant d'endométriose.

Elle soulage également les troubles digestifs, protège le foie et améliore les retours veineux.

Consommation · En infusion ou en teinture mère, ne consommez pas plus de 3 g par jour et 3 tasses par jour.

Les prises doivent se faire entre les repas et en plusieurs fois au cours de la journée. L'infusion ne se prépare pas trop à l'avance, sous peine de perdre son arôme et une partie de ses propriétés.

Je ne peux pas recommander suffisamment aux femmes l'achillée millefeuille. Qu'il s'agisse d'une jeune fille ayant tendance à avoir des règles irrégulières ou d'une femme d'un certain âge en pleine ménopause, ou même après cette période, pour toutes les femmes, jeunes et vieilles, il est important de boire de temps en temps une tasse d'achillée millefeuille.

Elle a une excellente influence à tout point de vue sur le bas-ventre de la femme, de telle façon qu'elle ne peut rien faire de mieux pour sa santé que d'aller chercher au cours d'une promenade à travers champs et forêts un petit bouquet d'achillée millefeuille.

Maria Treben, herboriste et auteur autrichienne

L'ortie

L'ortie est considérée comme la plante aux mille vertus. On peut la cueillir facilement dans les jardins, au bord des sentiers, un peu partout.

Pour qui, pour quoi ? Véritable « bombe » nutritionnelle, fortifiante hors pair, l'ortie est un tonique général. Elle redonne force, courage et vitalité, grâce à sa forte teneur en minéraux (qui stimulent le métabolisme fatigué), idéale après la naissance d'un bébé ou en fin de grossesse. Elle est dite plante adaptogène, c'est-à-dire qu'elle nous aide à nous adapter aux changements, qu'ils soient d'ordre hormonal, émotionnel ou environnemental.

L'ortie, excellente source de fer, prévient et soigne l'anémie. Elle diminue le risque d'hémorragie lors de la délivrance du bébé et stimule la lactation.

Elle est aussi particulièrement utile pour les femmes qui ont des règles abondantes. Enfin, elle permet de détoxifier l'organisme et favorise l'élimination.

Consommation · On peut la consommer en tisane (3 tasses par jour) fraîche ou séchée, mais aussi réaliser de délicieuses soupes avec !

Le pissenlit

Le pissenlit, plante mal aimée, est loin d'être « une mauvaise herbe », bien au contraire il est abondance par sa racine, ses feuilles, ses fleurs, tout est bon, délicieux, que ce soit infusion, salade, teinture mère, gelée, même les abeilles en raffolent. Son nom vient d'une de ses vertus premières, celles d'être une plante diurétique. C'est ainsi que le *Taraxacum officinale*, son nom scientifique, est devenu le pisse-en-lit. Il fait partie de la famille des chicorées et on le nomme également : dent de lion, tête de moine, l'horloge du berger.

Pour qui, pour quoi ? D'après Sarah-Maria Leblanc, herbaliste canadienne et auteure de *Sagesse du pouvoir du cycle féminin*, le pissenlit régularise la glycémie et le taux de cholestérol grâce à l'inuline contenue dans ses racines, ce qui supporte l'équilibre hormonal. Il peut également être utilisé pendant la grossesse et aider pour les problèmes de constipation et de nausée. Le pissenlit est une plante commune mais tellement aidante, qui agit également sur le foie en le drainant par la consommation en infusion ou en teinture de sa racine. Elle amène les fluides à bouger afin d'éliminer les toxines efficacement. Céline Ketterer, herbaliste, nous le recommande avant les règles, en cas d'irritabilité, fatigue, seins tendus, nausées le matin…

Consommation · On utilise le pissentit en usage interne pour le foie, les reins et l'intestin.

- En teinture mère : sa racine.
- En infusion : ses feuilles et sa racine.
- En salade : ses fleurs et ses feuilles.

La « médecine des femmes », comme la nomme la naturopathe et homéopathe Mona Herbert, est étendue, généreuse et féconde. Nous pouvons ajouter d'autres plantes à notre bouquet, telles que le framboisier pour tonifier l'utérus, la camomille pour calmer spasmes et douleurs, l'armoise pour réguler ou déclencher les règles, le romarin pour les migraines et le foie chargé... Et tant d'autres, mère nature est si florissante !

Le pouvoir de l'intuition

Toute femme qui se passionne pour la médecine des femmes ira se reconnecter à sa source : l'intuition. Ce canal intuitif fait partie de nos « racines de sorcière », celles évoquées ci-dessus et qui s'approvisionnent à un puits bien rempli où il suffit de descendre pour rencontrer sa résurgence. En y trempant nos lèvres, en y plongeant nos mains, en écoutant sa mélodie, la guérisseuse en nous refait surface. Cette connaissance non intellectuelle qui devine est souvent en sommeil, cachée sous un tapis, derrière un meuble, de peur de se révéler, elle veille et nous attend.

Certains la nomment troisième œil, celui qui est au-dessus des yeux, là où les femmes indiennes posent un petit point rouge, le *bindi*.

L'intuition est une clé magique qui ouvre la porte vers l'action du pré-senti. Nul besoin de mots, de pensées pour la décrire. Elle sort ses antennes et capte l'invisible, les univers parallèles. Carlos Castaneda, écrivain des univers chamaniques, affirme que l'intuition est nourrie par « la connaissance silencieuse ». Alors comment reconnaître l'intuition et l'invoquer ?

Voici quelques outils pour développer son intuition :

- Méditer pour éveiller son guide intérieur.
- Visualiser posséder de longues branches tel un cerf pour capter les messages.
- Invoquer et écouter sa petite voix intérieure, celle qui murmure.
- Utiliser ses rêves et, par leur biais, demander qu'ils ouvrent le canal intuitif, par exemple avant de vous coucher demander en votre for intérieur que vos rêves vous enseignent, puis au petit jour les noter. Vous verrez qu'ils vous transmettent des messages de votre inconscient vers votre conscience.

- Poser un doigt sur son troisième œil, doucement, en prenant le temps, respirer, être consciente, pour ouvrir cet espace.
- Poser une goutte d'huile essentielle de lavande sur cet espace, relié à la glande pinéale, ce troisième œil, appelé également l'œil d'Horus.
- Porter un cristal de roche, un minéral que l'on recommande en lithothérapie. Cette pratique consiste à utiliser le pouvoir énergétique des pierres pour améliorer son bien-être et santé. Le cristal de roche est connu pour amplifier les ondes, les énergies et les vibrations. Portez-le autour du cou en bijoux ou tenez-le dans la main lors des petits exercices énumérés ci-dessus, cela permettra d'activer vos perceptions et de réveiller votre intuition.

Méditation pour cultiver son intuition

Pour développer son intuition, des temps de pause, de silence sont nécessaires, ils inviteront : image, écoute intérieure afin de nous accompagner, nous guider. La méditation est un outil efficace qui peut vous permettre de renforcer votre intuition.

QU'EST-CE QUE LA MÉDITATION ?

Le terme « méditation » vient du latin *meditare* qui signifie « contempler ». Il s'agit d'une pratique consistant à entraîner son esprit afin qu'il se libère de ses pensées négatives. Pour cela, on s'entraîne à maintenir son attention sur sa respiration et essayer de contenir son esprit afin de ne pas se laisser emporter par les pensées qui surgissent sans arrêt dans son esprit. C'est une activité qui invite au lâcher-prise, où l'on observe simplement les pensées défiler sans pour autant se laisser captiver, comme des nuages qui passent dans le ciel.

Méditer permet véritablement de rester en contact avec soi-même et, de façon ultime, avec plus grand que soi.

Si vous méditez chaque jour ou régulièrement, vous sentirez petit à petit les bienfaits de cette pratique : un apaisement, un rythme ralenti, une meilleure concentration.

Installez-vous dans une pièce tranquille, dans la posture qui vous convient le mieux, assise ou allongée. Vous pouvez utiliser une musique de méditation ou un texte guidé pour vous orienter.

Vous pouvez, au préalable, déposer dans votre for intérieur une intention : « Que s'éveille mon intuition, ma capacité du senti, ressenti, ma clairvoyance intuitive. »

Imaginez qu'un espace s'ouvre : mental, cœur, pensée, âme, image, sensation, qui deviennent petit à petit vos guides intérieurs et vous apportent une vision juste.

Assieds-toi, belle femme, sur la terre-mère,
Sens, ressens ton bas-ventre en dessous de ton ventre.
Écoute, profondément, chaque palpitation,
Les tiennes, les siennes.
Puis, ferme tranquillement les yeux.
Laisse défiler tes pensées.
Invite la pluie à les dissoudre.
Le silence est précieux.
Il est gage de rencontre avec soi.
Dans cette présence au plus grand,
Vois tous les messages ou autres ressentis
Qui viennent à toi
Éclairer tes pas, tes choix, une vision
Une intuition, un cœur qui bat.

VIVRE AVEC LA LUNE

Au plus loin que se reporte la mémoire des hommes, elle parle de cet astre lumineux, la lune. Elle est à l'origine de bien des mythes et croyances. Sur la voie du féminin sacré, en quête de sens et de rituel, notre appétit et nos recherches peuvent être accompagnés par les visages et l'histoire mythologique de certaines déesses dites « lunaires », celles en connivence avec la lune.

Mythes et légendes autour de la lune

Sélène

Sélène est une déesse de la mythologie grecque, dépeinte comme une femme d'une très grande beauté, avec un visage éclatant de lumière ressemblant à la lune. On dit que dès qu'Hélios, dieu du soleil, finissait sa course dans le ciel, la déesse de la lune s'élançait à son tour, illuminant les ténèbres de ses chevaux argentés. Elle fait partie de la triade lunaire Diane/Sélène/Hécate, rappelant les trois passages de la vie des femmes (la jeune fille, la mère, la femme sage) ou encore les trois phases de la lune (la phase croissante, la pleine lune et la phase décroissante).

Mama Quilla

Mama Quilla est la déesse de la lune dans la mythologie inca, protectrice des femmes mariées. Elle suit dans le ciel le parcours de son frère et époux, Inti, le soleil. Reine de la nuit, elle s'assure du bon déroulement du temps et est associée au calendrier inca. Représentée par un disque d'argent au visage humain, Mama Quilla est la mère du premier Inca : Manco Capac.

Dana

Dans la mythologie celtique, Dana est la grande déesse blanche, celle des origines du monde, dont les fils honorent la mémoire en vouant un culte à la lune. D'ailleurs, l'ancien nom de l'île de Bretagne, *Albion*, tire son étymologie d'Albina, qui signifie « la déesse blanche ». Dana est l'aînée des cinquante danaïdes, filles du roi Danaos.

Arthémis

Dans la mythologie grecque, Arthémis est la jumelle d'Apollon. C'est une déesse lunaire, amazone, gardienne des bois sacrés et des forêts, chasseresse, chaste.

Elle incarne la puissance instinctive, protectrice des femmes enceintes en travail. Elle aide ainsi à créer l'impulsion nécessaire pour commencer une œuvre, lorsque l'on souhaite débuter quelque chose. Elle est reliée au croissant lunaire qui brille la nuit, qui guide et éclaire et reste mystère.

*

Il existe d'autres déesses qui peuvent vous inspirer. Vous pouvez vous renseigner à leur sujet, plonger dans les livres, les écrits et les traditions orales pour apprendre de leur sagesse lunaire, fertile ou souveraine.

Lune et fécondité

De tout temps, la lune est une divinité associée à la fertilité, visage rond qui d'en haut nous regarde en bas, nous les petits hommes ! Par ses rayons, elle contribue à la croissance des végétaux, diffuse sa magie sur nos prières et intentions, charme les poètes et les amoureux.

La lune est un des grands symboles de la fécondité, sans doute en raison de la similarité de son cycle avec celui du cycle menstruel de la femme (une femme dit d'ailleurs qu'elle « a ses lunes » pour indiquer de manière poétique qu'elle a ses règles[4]). La croyance répandue

4. Ajoutons également que le mot « menstruation » provient du terme latin *mensis* qui signifie « mois », très proche du mot grec *mene*, le mois lunaire.

selon laquelle il y aurait davantage d'accouchements durant la pleine ou la nouvelle lune pourrait venir de son attraction. On sait en effet que la lune influence les marées ; ces mouvements marins sont la conséquence de trois interactions : l'attraction de la lune, celle du soleil, et la rotation de la Terre. Et si la lune influence l'eau de nos mers et océans, pourquoi n'influencerait-elle pas d'autres fluides, tels que le liquide amniotique ? Certains prêtent ainsi à la pleine lune la capacité de déclencher les accouchements.

LA LUNE ET LES MAORIS

Dans les sociétés traditionnelles comme celle des Maoris, les grossesses ne sont pas dues à l'homme mais au pouvoir de la lune, l'homme ne servant qu'à ouvrir le passage au rayon de lune. Selon leurs croyances, quiconque ne veut pas d'enfant doit se méfier des rapports au clair de lune. Quant à la sage-femme, présente le jour de l'enfantement, elle doit non seulement aider la femme à accoucher mais également faire des offrandes à la mère-lune.

L'enseignement de la lune

La lune, énergie féminine par excellence, nous invite à regarder dans sa luminosité miroitante le reflet de notre inconscient. Les réverbérations, le halo qui l'entoure, laissent percevoir toute notre intériorité afin d'accueillir toute notre intériorité psychique. Ces reflets peuvent être déstabilisants ou à l'inverse propulser notre créativité. Comme la mémoire de notre vie fœtale ou dans le noir nous percevions la lumière, la lune telle une mère nous invite à renaître de nos profondeurs.

On a toujours lié la lune au féminin. Elle est associée à une énergie yin, féminine. Le yin représente l'absence de force dynamique : la lune, l'hiver, l'eau, l'obscurité, le froid, le bas, la terre, le féminin, la passivité, l'inertie, l'intérieur, la réception, le négatif, le centripète, le matériel, le mou. D'après la philosophie de la médecine chinoise, la femme serait yin et l'homme yang. La lune tourne autour de la Terre le même nombre de jours que notre cycle menstruel, son aspect changeant, son lien avec les saisons et sa concordance avec notre cycle féminin en font un symbole puissant dans les sociétés traditionnelles.

La lune est également associée aux forces de la nature, aux grottes, mais aussi à des animaux comme le lapin, la colombe, l'ours…

La lune fertilise, fait croître les plantations. Nos ancêtres jardinaient avec la lune et, aujourd'hui encore, les semis et récoltes sont aménagés en fonction des phases lunaires pour faire croître en toute beauté nos fleurs et nos légumes.

L'INFLUENCE DE LA LUNE SUR LA TESTE DES FEMMES

L'Influence de la lune sur la teste des femmes est une estampe anonyme du XVIIe siècle qui représente cinq femmes en train de danser, un quartier de lune sur la tête[5]. Brigitte Serre-Bouret, conférencière et chercheuse en histoire de l'art, a rédigé un article (« La lune et les femmes ») dans lequel elle analyse l'œuvre. Elle affirme que dans le cas de certaines maladies féminines, on disait à l'époque que la femme était frappée par une maladie de la lune ou maladie d'Artémis, la déesse de la lune… Elle note aussi que les astrologues médicaux de la Renaissance voyaient les femmes comme des personnes réglées par la lune, ce qui expliquait leur comportement complètement déroutant et imprévisible.

Source d'inspiration, la lune laisse nos dons artistiques s'exprimer et booste notre imagination visionnaire, elle aide à ressentir notre avenir.

C'est aussi le dix-huitième arcane, « atout » des cartes du tarot de Marseille qui sont au nombre de 22.

---

5. Vous pouvez voir l'œuvre sur le site : https://histoire-image.org/fr/etudes/lune-femmes

Carte mystique, secret, symbolisant l'intuition, la clairvoyance ouvrant les portes de l'invisible.

La lune a toujours influencé l'homme et la femme dans leur quotidien et l'on retrouve, aussi bien au temps de la Préhistoire que dans les anciennes civilisations, des illustrations, des statues, des temples, des calendriers dits lunaires ou des représentations qui honorent la lune. Ces effigies montrent en général l'impact de la lune, dans les choix des communautés. On a ainsi identifié que la lune servait de baromètre et de mesure du temps pour les gens de l'époque, que ce soit pour les pratiques ritualisées autour de demandes particulières (une naissance par exemple) ou une cérémonie en lien avec la fertilité (une plantation) ou la fécondité (pour une famille ou un élevage d'animaux).

Soyons vigilantes et attentives à la sagesse de la lune !

La Lune est l'un des astres majeurs avec le Soleil, immuable, influençant le vivant. En apprenant d'elle, nous apprenons de nous. Par exemple, quand la lune est sombre (lune noire), nous pouvons transmuter l'obscurité en lumière. Quand elle se découvre, se déshabille, il nous est alors possible d'intégrer de nouvelles connaissances et de nourrir notre conscience. Enfin, quand elle est totale (pleine lune), il se produit une transformation, un alignement entre le Soleil, la Terre et la Lune, permettant un grand nettoyage de notre corps et notre âme.

Le soleil voit votre corps.
La lune voit votre âme.

PROVERBE

Le cycle lunaire

Le soleil nous procure de la lumière et de la clarté ; c'est la lune qui voit nos heures les plus sombres. Associée à l'énergie yin, la force féminine, la vie intérieure profonde, la lune possède un cycle qui est le plus proche de notre vie quotidienne.

En tant qu'êtres humains, nous passons par des phases, tout comme la lune, chaque mois. La lune a plusieurs phases que les jardiniers connaissent bien pour accompagner la germination et la croissance de leurs fleurs et légumes.

J'AI DEMANDÉ À LA LUNE…

Les astrologues se réfèrent beaucoup à la lune lorsqu'ils font une lecture des astres. Elle est un outil précieux que ce soit dans la lecture de son influence dans les énergies du moment : trajectoire et conjoncture des planètes ou que pour une lecture personnalisée d'un thème natal. La lune est symbole de refuge, de sécurité mais aussi d'intuition, de sensibilité… Dans le thème natal d'une femme, la lune est très importante, elle renseigne sur sa féminité, sa condition de femme en général, ainsi que son rapport à la maternité.

La lune sait se parer de différentes figures et passe par différentes phases, notamment nouvelle lune, lune croissante, pleine lune, lune décroissante et lune noire. Quatre énergies que l'on retrouve en toute vie : naissance, croissance, épanouissement, décroissance. La lune poursuit un cycle, d'une lune à l'autre, elle danse la ronde des lunaisons.

Une lunaison complète va d'une nouvelle lune à une autre lune et dure en moyenne 29 jours, 12 heures et 44 minutes.

Les phases lunaires ont une grande influence sur notre vie et notre parcours personnel. En suivant la lune et ses différentes phases dans sa transformation, nous nous assurons de prendre nos décisions au bon moment.

Pour en apprendre plus sur l'influence qu'exerce la lune sur votre chemin de vie, vous pouvez apprendre, observer et vous laisser transporter par ces états lunaires (à noter que l'énergie de la lune augmente jusqu'à la pleine lune).

La nouvelle lune

Quand la lune est nouvelle, elle vous enveloppe d'une capeline, celle d'une visionnaire. C'est aussi le tout début du cycle lunaire ; comme une jeune fille, vous renaissez. La lune dans sa jeune fraîcheur argentée laisse poindre un filet, un minuscule croissant. On dit qu'elle est bénéfique pour entamer de nouveaux projets. Lors de la nouvelle lune, vous pouvez déposer vos vœux et formuler vos intentions. La magie est ainsi semée dans la terre fertile, le cycle peut suivre sa lancée, la lune est à vos côtés ! Vous pouvez imaginer notre destin au parfum divin et entrer dans la danse pour créer.

Lune croissante

Quand la lune est croissante, sa progression diffuse de grandes libérations et révélations. Elle jaillit chaque soir pour manifester son soutien, telle une mère bienveillante. Les graines que vous avez semées prennent de la force. Vous consolidez vos souhaits et vos projets. La matière se densifie, vos sortilèges opèrent, vous attirez ce que vous projetez.

La pleine lune

Quand la lune est pleine, elle devient le point culminant du cycle lunaire. La lune tout arrondie appelle à la protection, à la divination. Elle vous invite à son bal, nous commençons de belles célébrations qu'on nomme un *esbat*[6] chez les *sœurcières* : invocation, bénédiction, prière et rituels. Dans sa souveraine rondeur, la pleine lune vous offre un temps de bilan mais aussi la récolte des fruits, l'enseignement des expériences passées. Prenez le temps de ressentir la grande joie qui vous habite lorsque vous goûtez aux fruits et profitez de leur saveur. Remerciez terre-mère pour ses cadeaux.

---

6. L'Esbat est une fête païenne mineure célébrée lors des treize nuits de pleine lune par les pratiquants de la Wicca.

Lune décroissante

Quand la lune est décroissante, à partir de la seconde nuit qui suit la pleine lune, elle est signe de tri, de nettoyage, de purification, de fumigation et de détoxication. Il est temps de procéder aux rituels qui aseptisent votre habitation, vos outils de magicienne, votre temple sacré. Débarrassez-vous de tout ce que vous ne voulez plus. C'est une période de transition qui vise à préparer la prochaine phase de nouvelle lune.

La lune noire

J'aimerais vous proposer également de scruter la lune quand on ne la voit plus, noire comme nos ombres, abysse introspectif. Elle est ce grain qui meurt avant de germer jusqu'à la prochaine moisson.

Trois nuits avant la nouvelle lune, la lune est noire, invisible. Elle invite à se recentrer sur soi, méditer, se glisser dans les bras de la Grande Déesse, dénicher des aspects inconnus de sa personne et accueillir chaque facette de soi pour faire face à ses noirceurs, ces espaces inconscients où se répètent des scénarios, où se glissent des émotions archaïques (joie, peur, colère, pleurs…) Ainsi, à travers votre miroir obscur, vous transformez le plomb en or, en accueillant vos émotions, en les écoutant, en les laissant s'exprimer puis s'évaporer.

La lune invisible est l'occasion de se connecter à son âme et à la femme sauvage en soi.

En 1918, la lune noire fut rebaptisée Lilith par un astrologue anglais. La lune noire symbolise la face cachée de nous-mêmes, l'accomplissement de notre destin, une vision karmique de notre mission ici-bas.

Cette Lilith qu'on nomme Isis
au bout du Nil.

Victor Hugo

LILITH (EN HÉBREU : תיליל)

Lilith est la première compagne d'Adam, avant l'illustre Ève, selon le Zohar (Livre de la Splendeur), œuvre de la kabbale. Elle représente la face sombre de la puissance féminine qui fait peur, pourtant ô combien nécessaire ! On l'associe aux nombreux pouvoirs de la lune noire : la magie blanche, la purification, la clé des songes, la vision et la libération de nos peurs les plus profondes… Lilith serait le plus ancien mythe de révolte féminine !

On retrouve sa trace au Paléolithique supérieur, selon Marija Gimbutas, archéologue, écrivaine dans la figure de la Grande Déesse, la déesse-serpent.

…

...

Lilith aurait été formée à partir d'argile, comme Adam, ce qui placerait la femme non plus dans un statut de subordination mais dans un statut d'égalité vis-à-vis de l'homme. Parce que Lilith exprime son désaccord quant à la position à adopter durant l'acte sexuel et à la tentative de réconciliation que lui ordonne Dieu, elle est répudiée et punie. Dieu la condamne à voir tous ses enfants mourir à la naissance. Elle choisit alors d'abandonner Adam et de quitter l'Éden, des ailes lui poussent. Lilith devient par la suite le serpent qui provoque la chute d'Ève.

Ainsi, Lilith est une femme sauvage, instinctive, ce féminin brut, mystérieux en chacune de nous.

La ronde des 13 lunes

La lune danse sa ronde de 13 lunes, comme un collier de 13 perles blanches où chaque joyau peut nous enseigner. Elle peut être un calendrier où chaque lune, chaque mois nous initie. Que ce soit une célébration, une intention ou, comme chez les Amérindiens, une gardienne, ces lunes pleines, guérisseuses, sont au nombre de 13.

Le chiffre en question se retrouve dans bien des légendes et des superstitions :

- Le calendrier des sorcières comporte 12 ou 13 esbats (célébrations de la pleine lune).
- Le conseil des anciennes, des 13 mères originelles, celles que nous peint dans son livre Jamie Sams issue de cette voie initiatique des femmes amérindiennes où des femmes suivent ensemble l'initiation pendant 13 cercles. Elles s'engagent à se réunir à chaque nouvelle lune pendant une journée entière afin de recevoir l'enseignement de la Mère-Lune correspondant à une énergie précise.
- Le calendrier des 13 lunes de 28 jours, calendrier sacré des Mayas.
- Les 13 apôtres.
- La treizième lettre hébraïque, Mem, est aussi appelée « la Grande Mère », elle nous convie à rencontrer la mère divine autour de nous et en nous-mêmes.
- L'arcane 13 du tarot de Marseille : la grande faucheuse qui nous demande de mourir pour renaître.
- Une année avec 13 lunes, pour ceux qui cultivent de la terre, annonce des catastrophes naturelles.
- L'ancien peuple sumérien utilisait un zodiaque comportant 13 constellations et 26 étoiles principales.

- Et bien d'autres histoires inspirantes…

Nous finirons notre voyage avec la lune prophétique et créative en créant un rituel afin de l'honorer et solenniser la femme sacrée.

Rituel à la lune

Nous allons nous servir de la lune nouvelle pour faire ensemble ce rituel.

Que les graines que nous mettons en terre poussent merveilleusement et deviennent abondantes pour la prochaine pleine lune !

Pour ce rituel, vous aurez besoin :

- d'une bougie blanche ;
- d''encens, comme l'oliban, pour purifier ;
- d'une belle plume blanche ;
- de graines ;
- d'un ou plusieurs rubans blancs ;
- d'un sachet ou de tissus biodégradables.

1. Allumez votre bougie, faites brûler l'encens.

2. Avec un ou plusieurs rubans, faites un cercle que vous posez sur votre table ou sur un autel à côté de la bougie et de l'encens. Déposez vos graines dans le sachet, mettez chaque graine en conscience et attention dans ce contenant.

3. Fermez la pochette et faites une prière :
Ô nouvelle lune, magicienne sans conteste.
Je t'invoque et demande de purifier mes rêves et mes désirs.
Que les graines ici présentes deviennent des soleils.
Que leur éclosion nourrisse mon cœur de femme.
Merci à toi reine céleste.

4. Déposez le sachet clos dans le cercle blanc. Purifiez avec l'oliban, encens à la vertu purifiante, en le passant au-dessus.

5. Enfin, enterrez-les graines dans un pot, toujours lors de cette nouvelle lune. Déposez un petit bâton à côté avec les rubans comme décoration. Ils danseront à chaque brise et chaque goutte de pluie. Arrosez d'eau régulièrement vos intentions afin de les choyer. Lorsque des fleurs verront le jour dans vos plantations, vous saurez que vous avez été entendue.

LA MÉDECINE DE LA TERRE

La Terre nous enseigne, nous guérit, nous abonde de sa générosité. Nous pouvons par son entremise prendre soin de nous et de notre entourage. Elle possède en son sein des « médecines », des alliés guérisseurs : le végétal, le minéral, l'eau, le feu, l'air, les animaux, les astres…

Pour la femme qui cherche à s'initier et à cultiver son féminin sacré, les quatre éléments sont de bons outils. D'autres intermédiaires bénéfiques comme les quatre directions, les quatre intentions, les quatre saisons, seront telle une roue, une médecine de la terre qui, dans sa vibration, instruit au chamanisme.

La médecine de la terre est comme Nunkui, créatrice des plantes, porteuse de la connaissance du monde féminin, de la cosmovision shuar[7], graine prolifique qui abreuve nos ventres et nos cœurs pour voir fleurir notre essence.

---

7. Shuars : peuples amérindiens habitants des forêts du Haut Amazone.

La médecine de la terre provient et puise sa source dans le chamanisme. En effet, l'un et l'autre sont interalliés. La médecine de la terre utilise les forces, l'intelligence et les ressources que la terre produit, émet. Et le chamanisme est la voie de son expression magique et vibratoire qui nous initie, permettant de guérir les hommes et la nature.

Le chamanisme

Le chamanisme est une pratique ancienne qui date d'environ 40 000 ans, transmise oralement, elle est présente sur les cinq continents. Le mot « chamanisme » (*chamane* vient étymologiquement de la langue toungouse) relie cette pratique aux sociétés traditionnelles sibériennes. Dans son étymologie, le terme « chaman » signifie « celui qui détient la connaissance ». Le chamanisme ne s'apprend pas dans les livres, il s'expérimente et se vit. Son médiateur privilégié est le (ou la) chamane, qui communique avec la nature, les esprits, l'invisible… Pour l'aider dans sa tâche, il.elle a des instruments, des rituels, des plantes qui lui donnent accès aux univers parallèles par le biais de la transe. Lors de ces états de conscience modifiée, il.elle accède aux réponses et aux soins pour celui ou ceux qui viendront jusqu'à lui.elle. Par ses pratiques, ses cérémonies, sa cosmologie, le chamanisme a pour vocation de soulager, guérir, apaiser, soutenir les hommes et les femmes sur leur chemin.

Le chamanisme féminin

Le chamanisme possède la richesse et la simplicité de nous interroger sur notre lien à la nature et à l'invisible. En tant que femme, nous avons un lien un peu différent à cet univers, nous savons intuitivement guérir et préserver la vie. Nous bénéficions d'une énergie chamanique aux consonances telluriques par notre anatomie, notre sexe ouvert reçoit et accueille l'énergie de la terre-mère, le sang de nos lunes lorsqu'il s'écoule amène toutes les femmes réceptives aux énergies subtiles à traverser des états de conscience modifiée conviant nos pressentiments et nos perceptions à se diffuser. Nous voyageons en nous et en dehors de nous dans des espaces infinis.

Les lucidités extrasensorielles perçues et manifestées sont souvent une vision différente, aussi bien de soi que du monde qui nous entoure ; nous percevons une autre réalité. Nous nous sentons autre, très sensible, voire étrange ou contradictoire et même clairvoyante en quelque sorte très « sorcière » !

Pour l'auteure Vicky Noble : « Le chamanisme ancien était avant tout une affaire de femmes. » Elle raconte que dans les pratiques chamaniques féminines anciennes, on utilisait le sang menstruel ou celui de l'accouchement lors de cérémonies spécifiques pour des rituels en conséquence. Nous étions à ses yeux les praticiennes sacrées de l'art magique de la guérison…

Aujourd'hui, nous pouvons constater que les mystères initiatiques anciens du sang féminin reviennent à nous par la voie du féminin sacré.

Enfin, Vicky Noble écrit également que « la mère qui donne naissance est une chamane » car elle a accès aux univers au-delà des mondes et navigue en accouchant dans le subtil et l'invisible.

Le chamanisme féminin est une invitation à se reconnecter à tous les cycles (celui de la terre, des saisons, et celui interne de notre cycle menstruel) pour les célébrer. Ces cercles sont le mouvement de la vie qui nous suit, pénètre, bouscule, nous aide à explorer et exprimer la vulnérabilité, la douceur et la puissance de la fille d'Ève que nous sommes !

Le chamanisme féminin initie aux mystères féminins, ceux qui tracent les grandes étapes de la vie fertile de la femme :

- Les ménarches, première menstruation de la jeune fille ;
- Les menstruations, qui correspondent au pouvoir féminin créateur et guérisseur ;
- La maternité, qui consiste à porter et donner la vie ;
- La ménopause, notre pouvoir à l'intérieur de la sagesse et la connaissance.

Prenez le temps de fêter chaque étape de changement en mettant en place des rituels de passage qui vous rendront plus consciente de votre évolution. Ils vous permettront d'accepter avec bienveillance cette mue.

Dans un second temps, laissez les réjouissances (les événements tels que les cercles de femmes, les cérémonies ou simplement l'accueil d'émotions ou une posture intérieure de félicité) se manifester pour se co-créer, pour honorer, saluer la femme sacrée et guérisseuse en vous.

Le chamanisme aime et possède le lien intime avec les animaux. Par leur magie et leur instinct, ils nous enseignent « leur médecine » (leur art de guérir, d'appréhender le monde, et leur pouvoir enchanté) si nous sommes vigilantes, si nous prenons le temps de les regarder finement.

Pour rentrer en connexion avec la magie, « la médecine » du monde animal, nous pouvons utiliser différents supports de spiritisme et mettre en place des protocoles d'invocations.

La tonalité vibrante du tambour saura nous guider pour rencontrer notre animal totem ou allié. Les rêves éveillés, la méditation, le chant seul ou à l'aide de tambour ou d'autres instruments l'inciteront à se présenter. La danse, les mouvements de transe nous orienteront aussi.

Par l'entremise des sons, vibrations, méditations et rêves éveillés, des réponses se présenteront à vous concernant le chemin à prendre.

Rituel pour inviter un animal à nous accompagner

1. Avant de commencer le rituel, prenez le temps de vous interroger sur l'animal qui s'est présenté à vous dernièrement et à quelle occasion. Était-ce un oiseau croisé sur votre route ? Ou bien l'image d'un animal apparue à plusieurs reprises dans votre quotidien ? Était-ce un rêve ou simplement un chat croisé au coin de la rue à plusieurs reprises ? Est-ce une connexion naturelle que vous ressentez avec un animal en particulier ?
Chaque animal est porteur d'une spécificité, d'une force qu'il peut nous transmettre. C'est son pouvoir, « sa médecine ». Selon les chamanes, les animaux sont des esprits alliés et chaque animal possède un talent qu'il partage avec nous et que nous pouvons utiliser comme clé dans notre vie.

2. Une fois que vous avez clarifié votre choix sur l'animal qui sera votre guide et votre messager, appelez-le simplement en votre for intérieur, à l'aide d'une prière ou d'une pensée, pour l'inviter à se manifester.
Vous pouvez par ailleurs vous tourner vers les voies oniriques, comme le rêve, la méditation guidée ou un voyage au tambour chamanique.

Vous pouvez également inclure dans notre rituel un objet en lien avec l'animal : une photographie, une plume, ou encore quelques poils de sa crinière par exemple. Nous le déposerons sous notre oreiller ou si nous préférons sur notre autel, ou simplement en le tenant juste dans nos mains et en fermant les yeux lors de notre demande.

3. Relâchez le mental, descendez le voile de vos paupières et laissez l'animal en question vous guider, vous visiter, venir jusqu'à nous et vous délivrer son message. Que vous dit-il ? Prenez des notes pour ne pas oublier le message et pouvoir ensuite comprendre et mettre en place l'information transmise.

4. Observez aussi toutes les rencontres qui se sont produites avec l'animal. Accueillez-le comme un signe que vous envoie l'univers pour vous transmettre, via son messager, des réponses concrètes à vos demandes. Plus vous vous donnerez l'occasion d'être attentif au monde animal, plus vous trouverez les ressources nécessaires pour poursuivre votre chemin.

Le chamanisme féminin excelle dans l'art de la vision, de la prophétie, de la divination, l'art de savoir tirer et interpréter des cartes, celui du filtre des rêves éveillés ou encore celui d'écouter les voix du senti.

Ainsi, comme la Pythie, les prêtresses qui, dans l'Antiquité, officiaient dans une salle souterraine du sanctuaire d'Apollon à Delphes, rendant des oracles, des messages à leurs fidèles, nous éclairons de ces interprétations nos semblables.

SOYEZ ATTENTIVE À L'ART, SON EXPRESSION ET SA SENSIBILITÉ

La danse, le chant, l'utilisation du tambour chamanique et la création manuelle sont des voies magiques pour voyager dans d'autres mondes, solliciter l'appui de l'invisible (les esprits, les ancêtres, les animaux, les plantes, etc.) et comprendre ce qui se joue ou se répète dans le visible.

L'art est aussi une voie de transe où celle qui danse et chante peut sortir de son corps et recevoir des messages pour guérir son prochain.

Lors de rites chamaniques, certaines chamanes connues comme Abuélita Marguérita, María Sabina du Mexique utilisent la danse, la poésie et le chant pour soigner et guider les leurs.

La création artistique a toujours servi à des fins chamanique et thérapeutique : l'art du tissage, la poterie, les bijoux confectionnés avec des perles… fabriqués essentiellement par des femmes initiées.

…

...

Les objets conçus sont perçus comme des « objets de pouvoir » et de protection.

Le chamanisme féminin est universel, créatif et enchanteur. Sa puissance trouve sa source dans nos matrices, chaudron porteur de vie, son don infini, celui d'être au service du vivant.

Les quatre éléments

L'univers est composé de quatre éléments : terre, eau, air et feu. Ce quartet alchimique, quintessence magique, est le composant de base de tout ce qui existe autour de nous. Ces quatre éléments palpables ou inconsistants, silencieux ou bruyants, savent accompagner nos pas avec grâce. De tout temps, les sagesses ancestrales utilisaient les éléments à des fins thérapeutiques et spirituelles, confectionnant des objets symboliques pour honorer ces quatre forces naturelles, magnétiques, telluriques, énergétiques, purificatrices et enseignantes.

Les quatre points cardinaux se relient également aux quatre éléments (terre, air, feu, eau) :

- L'Air est placé à l'Est ;
- Le Feu au Sud ;

- L'Eau à l'Ouest ;
- La Terre au Nord.

Dans les cultures chamaniques, le centre, appelé Éther, est considéré comme un cinquième point cardinal : l'axe du monde, lien entre Terre et Ciel.

L'élément Terre

La terre est notre mère. Fertile et généreuse, elle donne et reprend la vie. Elle est passive, obscure et dense. Nous touchons son corps sacré à chaque pas que nous faisons.

Elle est la déesse Gaïa, la Pachamama (« terre mère » ou « terre nourricière » en quechua). Selon la légende, les premiers hommes sont apparus sur les rives du lac Titicaca. Ils vénéraient les dieux qui leur avaient donné la vie : « Inti », le Soleil, et « Pachamama », la Terre-Mère…

Avec elle, nous pouvons sentir combien nous sommes ancrées si nos actions sont concrètes et structurées, si ce que nous semons est propice à fructifier. La terre est aussi un retour à notre intériorité, à ralentir nos pas, à laisser au temps le temps de se déposer pour mieux fructifier.

Tout vient de la terre et tout y retourne.

L'élément Eau

L'eau est la source de toute vie. Comme la terre, elle contribue à nourrir, à aider la vie à croître. L'eau est reliée aux émotions, aux fluides, à la lune et ses marées. Elle sait purifier, guérir, calmer, fluidifier, éliminer les blocages et renforcer les forces vitales.

Nous avons baigné dans ses bras pendant neuf mois, notre corps en est constitué à 60 %. Avec l'eau, nous pouvons conduire nos rêves, les alimenter de nos songes les plus doux. Nous pouvons plonger dans ses bras et nous laisser bercer.

L'eau sait écouter nos peines. Elle contribue à la croissance de nos projets en offrant ses gouttes de pluie.

Connaissez-vous la déesse Freyja ? Une chamane, une divinité germano-nordique, brillante comme la mer, qui se baigne dans les rivières et les étangs. Elle a le don d'accompagner au seuil des grands passages de ses eaux nourricières la vie et la mort.

L'élément Air

L'air est le pouvoir du mouvement, invisible, impalpable. Il est le souffle éternel de la vie, le vent dans nos cheveux, le chant des oiseaux, l'âme qui s'écoute, la fumée, l'encens qui se consume, le bâton de sauge que nous brûlons… L'air symbolise l'esprit, la pensée, toutes les communications intuitives et psychiques, le savoir, la théorie, le moyen de transport, le voyage. C'est aussi, dans les univers chamaniques, ces grands rapaces : l'aigle, le condor et tous ces oiseaux de nuit qui traversent les mondes comme la chouette ou le corbeau.

Nous pouvons utiliser l'élément air pour fluidifier nos relations. L'air invite à s'alléger, se débarrasser des trop-pleins. Il amène la joie, le printemps, la rapidité.

L'élément Feu

Le feu est symbole de la régénérescence, à la fois créateur et destructeur. Il est ce transformateur qui, par sa combustion et sa chaleur, devient la source chaude réconfortante, éclairante, incandescente, mais aussi brûlante, purifiante, incontrôlable, dévorant tout sur son passage. L'épreuve du feu nous pousse dans un chemin de métamorphose par le principe de la combustion. Il détruit l'ancien, fait place au renouveau, à de nouvelles perspectives de vie et, tel le Phénix, nous renaissons de nos cendres. C'est par le feu, dit-on, que les alchimistes obtiennent l'immortalité.

Le feu est l'un des éléments qui s'expriment dans notre corps et notre santé. Il représente la force vitale, la digestion, la chaleur corporelle. Émotionnellement, le feu s'exprime sous la forme de nos colères, nos rancunes, nos passions, nos désirs.

Le feu, créateur, nous invite dans son impulsion à entreprendre, à faire, à agir, à sentir cette fièvre nous donner des ailes. Il est aussi le feu auprès duquel nous allons nous asseoir pour l'entendre crépiter, nous raconter des histoires, chanter ou célébrer les étoiles. Le feu rassemble, unit…

Il peut nous alléger face à la mort et laisser notre corps devenir cendres.

L'homme, dans la nuit des temps, a trouvé le feu et tout un pan de l'humanité a pris le carrefour important que nous connaissons.

Rituel pour célébrer les éléments

Voici un rituel pour vous sensibiliser aux quatre éléments et les employer dans votre quotidien ou vos pratiques sacrées.

Pour faire ce rituel, vous aurez besoin de quatre objets symboliques en lien avec chaque élément :

- Une bougie pour représenter le feu ;
- Une plume pour représenter l'air ;
- Une coquille d'abalone (appelée aussi « oreille de la mer » par les Amérindiens) pour représenter l'eau ;
- Une belle plante dans un pot avec ses racines pour symboliser la terre.

1. Déposez les quatre objets sur une petite nappe ou un tissu de votre choix pour aménager un autel.

2. Allumez la bougie. Je vous suggère ensuite de fermer les yeux, de faire une petite prière méditative à la fois dans l'intention de remercier les quatre éléments et pour les inciter à vous transmettre leur sagesse.

3. Versez ensuite un peu d'eau dans vos mains pour recevoir le fluide de l'eau purifiante.

4. Passez la plume autour de vous comme un geste de purification.

5. Pour finir, allez rempoter la petite plante dans votre jardin ou votre balcon afin qu'elle grandisse, et votre âme avec.

Dans votre quotidien, je vous suggère d'aménager des temps méditatifs pour contempler les quatre éléments. Par exemple, vous pouvez :

- être vigilante à l'eau que vous utilisez ;
- vous exposer aux premiers rayons du soleil pour recevoir sa lumière, son feu et sa chaleur et ainsi vous dynamiser ;
- sentir le vent sur vos joues ou siffler dans vos oreilles, l'inviter à vous purifier de vos émotions et des tensions de la journée ;

- être attentive à la nature autour de vous et vous engager à la préserver.

La roue médecine

La roue médecine, *midewiwin* en algonquin, désigne la force et la puissance. Ce cercle sacré utilisé par les Amérindiens permet à l'être humain de renouer avec les cycles naturels pour restaurer une harmonie perdue et un équilibre physique, psychique, spirituel et de guérison. Traditionnellement, l'expression « roue médecine » renvoie au « cercle de vie ».

La roue médecine, symbole cosmique, représente l'ordre du monde, les points cardinaux, le rythme des saisons et peut indiquer l'emplacement des solstices quand elle est fixe.

On réalise ces roues à l'aide de pierres, de fleurs, ou d'éléments de la nature à même le sol.

La roue médecine et les quatre saisons, un art pour les femmes

La pratique et la manipulation de la roue médecine sont implicitement liées aux saisons, les quatre temps qui rythment notre année et orientent nos pas. Chaque saison est une direction que nous pouvons franchir comme un rituel, un moment de recueillement, une marche à suivre. Imprégnez-vous de chaque saison pour accompagner votre marche intérieure et extérieure en vous laissant guider par la roue médecine. Elle sera comme une boussole afin de trouver la bonne direction dans vos émotions, vos désirs, vos choix. Le Nord est l'hiver, l'Est est le printemps, le Sud est l'été et pour terminer l'Ouest est l'automne. Chaque saison s'apparente à un état intérieur, à une façon de vivre, nous invitant à suivre la philosophie liée à cette saison.

L'hiver, votre féminin et la femme que vous êtes vivent dans toute leur intériorité. L'hiver rime avec la profondeur de la nuit, le temps du silence, du repli, de la non-action, de la méditation ou de la prière. Mettez en jachère vos projets, laissez-les se reposer dans le ventre de la terre-mère. Retirez-vous du monde, de la ville et de son effervescence. Posez-vous et grignotez vos récoltes engrangées cet automne. L'hiver est synonyme de grand repos, de sommeil ; comme l'ours, nous hibernons. L'hiver, la femme sacrée marche vers le nord au creux de ses profondeurs, guidée par les étoiles, un grand moment de connexion au cosmos et à soi que la vie nous offre.

Au printemps, vous renaissez, la lumière grandit chaque jour qui passe. Vous plantez des graines, vous bêchez la terre. Le féminin s'éveille, vous débordez d'énergie, la sève monte. La femme que vous êtes s'active et se lance dans des initiatives. Au printemps, la femme sacrée marche vers l'est, au petit matin, au lever du jour, elle commence un nouveau chemin.

L'été, la chaleur vous réchauffe le corps, l'esprit et le cœur. L'amour est au rendez-vous. Vous récoltez toutes vos semences. Vos graines ont bien poussé et fleuri. Vos jardins gorgés de fruits riment avec abondance. Vous avez envie de lézarder au soleil, de vous baigner, de profiter des journées si longues. Votre maison est parfaitement éclairée, vos projets sont à présent des gains à partager. L'été, la femme sacrée marche vers le sud, les après-midi elle jouit de la vie.

L'automne, vous vous dépouillez de vos feuilles. Les couleurs orangées succulentes remplissent vos yeux. Vous commencez à vous préparer à l'hiver, à rentrer dans la froideur.

Vous sentez ce mouvement de ralentissement, vous avez envie de vous poser au coin du feu. Votre intuition se manifeste dans ce temps qui bascule et recule. Avec discernement, vous regardez les derniers mois écoulés comme un enseignement. L'automne est la voie de l'ouest, la voie rouge pour les Indiens, celle de l'intériorité. On l'associe à la phase post-ovulatoire du cycle féminin, l'enchanteresse. L'automne, la femme sacrée marche vers l'ouest, dans la direction du crépuscule. Vos rêves sont les visions qui se tissent pour passer l'hiver et naître au printemps.

Faire sa propre roue médecine

Nous pouvons tous concevoir notre propre roue dans un jardin ou sur un balcon. Quelques pierres, des objets symboliques et/ou toute proposition faisant sens pour vous seront nécessaires.

Indiquez bien les quatre quadrants pour chacun des quatre points cardinaux : Est – Sud – Ouest – Nord, les quatre directions. Ajoutez les animaux qui représentent chaque voie :

- Le bison pour le Nord
- L'aigle pour l'Est
- La souris pour le Sud
- L'ours pour l'Ouest

Ajoutez également les quatre archétypes féminins :

- La jeune fille pour l'Est
- La mère pour le Sud
- L'enchanteresse pour l'Ouest
- L'ancienne pour le Nord

La roue médecine, cercle de vie, vous enseigne : le changement, le mouvement, la connaissance, celle de l'interrelation, et de la façon dont tout se transforme.

Elle répond à vos interrogations et vous invite à vous poser pour écouter profondément.

Définissez au préalable nos questions. Avancez, tournez autour de votre roue et arrêtez-vous un instant, fermez les yeux. Soyez un voyageur « cosmique » à ses côtés.

Que la roue réponde à mes attentes, mon besoin de soutien, vais-je dans la bonne direction ?

PARTIE 4 – RENOUER AVEC SON CORPS DE FEMME

Cette partie est une invitation à honorer, comprendre, apaiser ce temple sacré qu'est le corps féminin. Dans votre corps se cachent tout un héritage ainsi que la transmission de croyances souvent erronées où des blessures invisibles ont laissé une empreinte. Toute une reconquête d'amour et de réconciliation s'offre à celle qui le souhaite !

Notre corps de femme suit la courbe du temps, telle une rivière.

Notre corps de femme est un apprentissage, il nous révèle des mystères.

Notre corps de femme est formaté par des normes et des commerces.

Notre corps n'aspire qu'à être libre, à retrouver sa singularité.

Notre corps de femme respire quand on déconstruit les cuirasses.

Notre corps est sourire, joie si nous l'explorons.

Notre corps de femme est à nous.

Nous sommes les déesses de tous les temps, apprenons à lire les lignes qui s'y dessinent, à acquérir plus de connaissance, de compréhension de ce corps féminin, de notre cœur à nos seins, de notre sexe à nos pieds, de nos cheveux à nos ongles, de notre ventre à notre peau…

Restaurons, alimentons chaque sillon, chaque cellule d'une écologie intérieure et extérieure, harmonisation de nos cycles menstruels, fertilité, ménopause…

Régalons nos désirs, nos courbes, célébrons la femme sacrée.

LE CYCLE FÉMININ

Autrefois, les femmes étaient calées sur le rythme lunaire, mais l'évolution de nos modes de vie nous en a détournées. Renouer avec sa puissance féminine, c'est revenir à ce premier lien ancestral avec la terre et le ciel que sont les menstruations. Cycle menstruel qui, comme la lune, suit son arc, honorant le sang de la vie, des femmes, la création, le cycle féminin, les saisons, l'enfantement… Parler du sang menstruel est aujourd'hui essentiel pour contribuer à la démystification des règles. Faire connaître sa composition, ne plus le cacher ou en avoir honte sont des démarches adoptées par de nombreuses personnes, sur les réseaux sociaux ou ailleurs.

Les différentes phases du cycle menstruel

Comme nous l'avons vu dans la partie 3, l'essence de l'énergie féminine est cyclique, comme la lune. Approfondir ses connaissances sur les phases du cycle menstruel permet d'en reprendre possession. La magicienne en vous devient ainsi capable de suivre ses propres aspirations et intuitions, de laisser son élan être sa boussole intérieure. Faisons le point sur les quatre phases de notre cycle menstruel, semblables aux quatre moments clés des lunaisons. Ces quatre états sont à l'image des quatre saisons, quatre directions qui secondent les femmes, de la phase pré-ovulatoire à l'ovulation, puis de la période prémenstruelle à la menstruation.

Deux auteures anglophones se sont interrogées sur les femmes et la magie du cycle menstruel. Miranda Gray dépeint les quatre phases du cycle, leurs influences et comment s'abandonner pour suivre leur énergie et mieux les appréhender dans son ouvrage *Lune rouge – Les forces du cycle féminin*. Alexandra Pope, dans *Magie du cycle féminin*, nous accompagne pour trouver et rencontrer le Graal dans nos menstruations, la connaissance de soi.

La phase pré-ovulatoire

Dans cette nouvelle phase du cycle, vous êtes telle une jeune fille, la « **femme feuille** ». Le printemps chante en nous, plein d'essor et d'énergie. Vos menstruations sont terminées, vous êtes déterminée, entreprenante, active ; des projets commencent à émerger.

Cette première transition est reliée à **l'énergie de la Vierge**. Pourquoi la proposition du terme et de l'archétype de la Vierge ? Dans notre monde actuel, elle représente une femme indépendante. C'est aussi la période du cycle qui précède l'ovulation. La femme, inconsciemment, ne désire pas tomber enceinte, son choix est de vivre pour elle. Elle est comme Artémis, libre et sauvage.

Que faire dans cette transition pour prendre soin de soi ?

- Consommez du fer dans votre alimentation pour récupérer après les pertes de sang.
- Essayez les infusions d'orties et les soupes d'orties fraîches.
- Goûtez des smoothies ou des jus régénérants : fruits, persil, menthe, carotte, curcuma…
- Privilégiez une alimentation vivante et stimulante avec des super aliments boostants comme les graines germées, le pollen, la spiruline ou l'algue klamath.
- Démarrez de nouveaux projets. Ouvrez votre agenda et planifiez des activités.

- Osez sortir des sentiers battus et découvrir d'autres horizons. Avec la confiance qui vous habite à ce moment-là, autant en profiter !
- Essayez le Yin Yoga, un yoga très doux et féminin, pour vous accompagner sur votre cycle qui redémarre.
- Prenez soin de votre peau, plus exactement de votre visage. Pourquoi ne pas prendre un temps bien-être pour vous exfolier la peau et prendre soin de votre visage avec des produits naturels ?
- Allez au hammam ou au sauna pour vous purifier et préparer votre corps pour la phase suivante.

La phase ovulatoire

Dans cette nouvelle phase du cycle, vous êtes telle une mère, une « **femme fruit** ». Pleine d'amour et d'empathie, protectrice, gorgée de soleil comme un fruit mûr de l'été. Vous êtes rayonnante, lumineuse comme la lune pleine dans le ciel éclairant les étoiles et la Terre. Tous les projets que vous avez mis en terre se réalisent.

Cette deuxième transition est reliée à **l'énergie de la Mère**. Pourquoi la proposition du terme et de l'archétype de la Mère ? Pendant la phase de la Vierge, la jeune femme indépendante est de nature plutôt autocentrée, sans forcément de désir vers la communauté. Puis, lors de la phase Mère, le rayonnement change. Elle a envie d'aider, de soutenir, de réconforter les personnes autour d'elle. Elle est telle Déméter, la mère nourricière, celle qui prend soin.

Que faire dans cette transition pour prendre soin de soi ?

- Soyez active dans votre communauté, faites du bénévolat ou tissez votre réseau.
- Initiez et concrétisez les projets que vous avez reçus en vision lors de la phase prémenstruelle ou profitez-en pour régler des dossiers en attente.
- Consumez et célébrez l'amour !
- Chantez ou écoutez des mantras, ces chants de joie qui ouvrent le cœur à la douceur
- Privilégiez une alimentation douce au palais : patate douce, kaki, mangue…
- Offrez-vous des soins cocons pour le corps et la peau : massages à volonté !
- Laissez-vous bercer par les fragrances de fleurs d'oranger et d'ylang-ylang.

La phase prémenstruelle

Dans cette nouvelle phase du cycle, la lune est décroissante. Vous commencez à rentrer en hibernation, à plonger au creux de vous-même. Vous êtes la **« femme tronc »**. On apparente cette phase dite « lutéale » à l'automne. Votre sensibilité est plus accrue, votre intuition plus affinée. Vous laissez vos dons créatifs s'exprimer par les voies artistiques que vous aimez. La créativité vous permet de vivre cette période plus obscure plus aisément et de moins succomber aux troubles prémenstruels.

Cette troisième transition est reliée à **l'Enchanteresse ou la Visionnaire**. Pourquoi la proposition du terme et de l'archétype de l'Enchanteresse ? Dans les contes, c'est celle qui représente « la maléfique », éternellement ombre et lumière, celle qui utilise sa magie. L'Enchanteresse, c'est cette part d'ombre que l'on possède au fond de soi et qui nous effraye. Elle fait référence à notre nature cyclique. Apprendre à l'aimer, c'est reconquérir cette part de soi et accepter sa dualité. Elle est la fée Morgane, irréelle, que l'on connaît dans la légende d'Arthur.

Que faire dans cette transition pour prendre soin de soi ?

- Faites le ménage chez vous et triez. C'est le moment idéal pour larguer les amarres et se débarrasser de ce qui en a besoin !
- Prenez le temps de bien vous reposer, couchez-vous tôt, ralentissez votre activité.

- Buvez des tisanes drainantes à base de pissenlit, achillée, queue de cerise…
- Essayez au maximum de vous recentrer.
- Accueillez tous les ressentis, intuitions et toutes formes expressives, artistiques et créatives comme des guides précieux pour votre futur.
- Dansez, essayez de faire des mouvements du bassin pour faire circuler l'énergie de la shakti.
- Évacuez les trop-pleins d'énergie, partez courir dans les bois ou foncez vous promener en forêt. Plongez dans des bains aux huiles essentielles de rose, santal ou geranium pour apporter de la douceur à cette étape prémenstruelle (ou d'autres huiles essentielles de votre choix).
- Méditez beaucoup.
- Privilégiez des aliments comme les légumes racines, les poissons gras, les oméga-3, les graines de lin, de chia, cure d'onagre.
- Pour les petits soucis de peau, testez les masques à base d'argile verte. Pour les cheveux qui graissent pendant cette troisième phase du cycle, tentez l'aventure avec les bienfaits du rhassoul.

La menstruation

Dans cette nouvelle phase du cycle, la nouvelle lune veille sur vous. Vous êtes la « **femme racine** ». L'ovule n'est pas fécondé, l'endomètre se dégrade à travers l'utérus et le vagin pendant une durée de 3 à 7 jours. Vos lunes rouges empruntent le tourbillon avant de s'épandre et de rejoindre la terre-mère. L'hiver vous habite, il est synonyme de repos, de calme, de petite mort avant la période de renaissance (le printemps). C'est également une phase propice à l'introspection. Vos capacités intuitives sont au maximum (intuition, rêves, visions…) : vous devenez une sorcière !

Votre énergie est très basse, vous êtes au ralenti, vous avez besoin de tranquillité.

LA TRADITION DES MOON LODGE

Dans les tribus amérindiennes, on accorde beaucoup d'importance à la période des menstruations (phase sorcière), appelée « le temps des lunes ». Durant cette période, les femmes d'une tribu s'éloignaient de la communauté pendant quelques jours et se retrouvaient dans une moon lodge. Ensemble, elles profitaient de ce temps pour prendre soin d'elles et honorer leur sang béni. Les hommes prenaient en charge les tâches domestiques, leur permettant ainsi un temps de retraite pour profiter de la compagnie de leurs sœurs et rêver. Car le temps des lunes était considéré comme un état modifié de conscience qui permettait un accès direct aux visions. Les rêves des femmes de la moon lodge étaient donc utilisés par la tribu tout entière.

*

Des études ont prouvé qu'aujourd'hui encore, lorsque plusieurs femmes vivent ensemble, leurs menstruations s'ajustent entre elles et finissent par se déclencher au même moment.

Cette quatrième transition est reliée à **la Sorcière**. Pourquoi la proposition du terme et de l'archétype de la Sorcière ? Dans l'inconscient collectif, la femme qui saigne fait peur. La sorcière incarne la dimension de l'obscurité, elle la perçoit en elle et autour d'elle. Son intuition est forte, de même que ses visions du monde invisible, ce qui accentue sa sensibilité. Elle est la Baba Yaga, la vieille sorcière initiant Vassilia dans le célèbre conte : *Vassilissa-la-très-belle*.

Que faire dans cette transition pour prendre soin de soi ?

- Minimisez l'activité physique. Ralentissez vraiment. Annulez tous vos rendez-vous pour vous concentrer rien que sur vous.

- Soyez en contact avec la nature. Jardinez, déposez des fleurs chez vous, partez à la mer ou quelque part au vert, dans un lieu apaisant.
- Prenez le temps de lire. Accordez-vous des moments de solitude, retirez-vous du monde. Faites la sieste. C'est une période d'intériorisation favorable à la créativité et à l'introspection.
- Explorez le Yoga Nidra (équivalent du sommeil lucide).
- Pratiquez des postures de yoga destinées à soulager les douleurs des règles et à favoriser l'écoulement du flux menstruel.
- En cas de règles douloureuses, appliquez une bouillotte chaude sur votre ventre.
- Buvez des tisanes apaisantes de camomille, angélique, alchémille.
- Appliquez en massage de l'huile essentielle d'estragon, aux vertus calmantes.
- Privilégiez une alimentation douce comme les soupes miso, les légumes vapeur, les œufs à la coque, l'avoine ou le riz.

LUNE BLANCHE ET LUNE ROUGE

Le cycle de la lune blanche se rapporte aux cycles dont le flux des règles a lieu lors de la nouvelle lune. (L'ovulation aura donc lieu à la pleine lune.)

Vice versa, lorsque le flux carmin se manifeste lors de la pleine lune, il est relié au **cycle de la lune rouge**. Sur notre chemin, nous pouvons alterner entre ces deux cycles : lune blanche et lune rouge, chemin de ricochet de notre féminin sacré.

Miranda Gray nous raconte qu'il y a longtemps les femmes étaient toutes dans **le cycle de la lune blanche**, les phases menstruelles (Vierge, Mère, Enchanteresse, Sorcière) correspondant aux phases lunaires décrites ci-dessus.

Avoir un cycle de lune rouge était alors vu comme « maléfique ».

Peut-être est-ce ainsi que le chemin des femmes sorcières, prêtresses ou chamanes qui saignent a commencé sa légende de femmes puissantes et donc redoutées.

LA MATRICE : L'UTÉRUS

Calice des femmes, chaudron fertile, porteur de vie, l'utérus est ce second cœur qui vibre dans notre second chakra où bat notre féminin. C'est là que la magie opère et que siègent notre créativité, nos émotions, nos intuitions et nos pouvoirs intérieurs. Sa vocation n'est pas uniquement la reproduction au sens figuré. C'est également un lieu où la mémoire a déposé des graines, celles qui nous unissent à la filiation des femmes.

L'utérus est le siège du féminin sacré et de la création.

Entreprendre ce chemin du féminin sacré en conscience, c'est aller explorer dans cette enceinte toutes les possibilités offertes de transformation et de guérison pour se libérer d'anciens schémas et traumatismes, y réveiller ses dons de grandes tisseuses inspirées. Cette matrice, l'utérus, est le premier espace que nous connaissons lorsque nous arrivons sur Terre. C'est la maison de notre âme. C'est aussi là que s'ancre notre féminin sacré où nous puisons notre source, nos rêves et nos désirs.

En prenant soin de votre chaudron, vous contribuez avec vigilance à protéger la vie, la Terre et votre nature divine. Pour cela, prenez soin de votre corps physique (connaissance de votre cycle, alimentation saine, phytothérapie, aromathérapie…) mais également de vos émotions.

De plus en plus de femmes en conscience s'éveillent, contribuant à aider les énergies féminines. Ce féminin apporte amour, soin, attention, protection, bienveillance pour une nouvelle direction, celle d'une humanité pacifiée.

Rituel pour honorer et guérir son utérus

Voici un rituel pour célébrer, magnifier et apaiser votre jardin, cet utérus étoilé ! Vous allez lui rendre hommage ainsi qu'à votre lignée de femmes et à toutes celles qui vivent en nous.

Pour ce rituel, vous aurez besoin :

- d'huile essentielle de lavande fine ;
- d'une bougie ;

- d'argile ;
- d'un peu d'huile végétale de votre choix.

1. Préparez en amont une pâte argileuse. Pour cela, mélangez avec un peu d'eau et une cuillerée à soupe d'huile végétale et 10 gouttes d'huile essentielle de lavande. Utilisez une cuillère en bois pour que les ingrédients s'incorporent les uns aux autres.
2. Une fois la pommade argileuse prête, installez-vous dans un endroit tranquille de votre choix et allumez la bougie.
3. En conscience et en douceur, étalez la pâte sur votre ventre en déposant des mots comme une prière. Posez l'argile qui cicatrise comme le pansement de vos blessures dans votre matrice, pour vous mais aussi pour votre communauté de femmes. L'argile est le lien à la terre-mère pour vous rappeler l'origine de toutes choses. La lavande apporte ses vertus apaisantes et guérissantes. L'acte par lui-même, vos paroles seront comme une bénédiction de votre terre intime. Vous pouvez également chanter, faire un mantra, prendre le temps de respirer, méditer. Rendez hommage à votre calice porteur de vie, de joie et de rêves.

Explorer son anatomie féminine, s'intéresser à sa matrice, à son sexe et à son cycle menstruel est une belle voie de connaissance intime et de guérison.

Ainsi, vous vous percevez mieux, vous apprenez à vous aimer et à lever le voile sur votre héritage et vos croyances autour de votre sexe. Plus vous avancerez dans cette initiative, plus votre vision sacrée émergera. Vous goûterez avec libération à la joie, la paix et le bonheur d'être née femme.

LA SEXUALITÉ FÉMININE

Les philosophies orientales considèrent la sexualité comme un élément fondamental du développement physique, psychologique, émotionnel et spirituel. Dans ce contexte, la sexualité est considérée comme sacrée, participant à une véritable transformation intérieure capable de mener à l'Éveil.

SHAKTI MALAN, *L'ÉVEIL DE LA FEMME À LA SEXUALITÉ TANTRIQUE*

Le sexe féminin contient bien des mystères. De la peur à l'éloge, de la psychanalyse à la spiritualité, il intrigue ! En naissant femme, nous apprenons à le découvrir, à l'explorer ou à le guérir s'il y a eu des blessures ou des traumatismes. S'intéresser à notre sexe, apercevoir quelle représentation nous avons de lui puis s'investir sur de nouvelle compréhension est le moyen le plus sûr de voguer avec lui sur le canal de l'amour.

Le sexe féminin est un calice, une porte, un jardin dont il faut prendre soin. Il est relié au chakra racine, *muladhara* en sanskrit, le premier chakra qui se situe au niveau du périnée. Ce chakra est situé à la base de la colonne vertébrale, tourné vers le sol. Il est la base de la vie et le siège de la Kundalini, puissante énergie spirituelle enroulée sur elle-même tel un serpent. Le chakra racine est également une ouverture, la fleur dont le nectar parfume nos désirs, où la vie se manifeste et par lequel nous venons au monde. Notre chemin d'initiation et de guérison en tant que femme nous invite à l'honorer, à le respecter et à nous respecter.

Toute femme se doit de reconnaître son sexe comme un temple sacré afin de protéger la femme sacrée qu'elle est.

La méconnaissance que nous avons de nous-mêmes et de la sexualité nous maintient en général dans une sexualité de survie et de procréation. Entreprendre d'autres voies de connaissance de l'amour est une voie d'éveil. La femme qui souhaite s'éveiller à une sexualité plus en lien avec elle-même, plus profondément ancrée dans sa nature, laissera émerger la femme initiatrice en elle.

Faire l'amour est un art et cela s'apprend par l'expérience de certains apprentissages qui passeront par le corps plutôt que par le mental. Les livres et autres supports vous donneront de l'information, mais la véritable connaissance passera par l'expérience.

CATHERINE DELORME, SEXOTHÉRAPEUTE[1]

La femme a besoin de se connaître, de choyer son corps en premier lieu, puis de se sentir en toute confiance, en toute sécurité pour oser s'abandonner. Si son désir et ses besoins ne sont pas entendus et pris en compte, elle se refermera telle une fleur. Elle bloquera les accès de son cœur et de son sexe, elle s'asséchera ou renoncera à sa sexualité. La communication avec son.sa partenaire est la clé d'une sexualité épanouie. Bien souvent, les difficultés rencontrées sont dues à une méconnaissance des attentes et des satisfactions de l'autre et au manque d'espace pour nourrir le lien à l'autre. La femme vit sa sexualité par le cœur. Si celui-ci est couvé et choyé, la relation amoureuse sera joyeuse et généreuse.

Karine Nivon, thérapeute et fondatrice de la revue *Rêve de femme*, déclare que la sexualité est une résultante de notre histoire de vie. Notre vécu enfant peut paraître parfois anodin pour les adultes que nous sommes

1. Citation extraite de la revue *Féminin Bio*.

à présent mais a pu être dramatique pour la petite fille que nous avons été. Nous pouvons avoir eu ce sentiment d'être forcée, non respectée. Ces obligations non respectueuses de notre espace intime, de nos émotions, de nos désirs peuvent engendrer une distanciation avec soi, son intériorité et son intimité.

Il existe des chemins, des outils, des enseignements pour et vers une sexualité sacrée, une sexualité de cœur et lumineuse. Certaines pratiques et philosophies ancestrales telles que le tantra, le tao ou encore l'utilisation de l'œuf de yoni (ou œuf de Jade) peuvent être un bon support de connaissance, de potentiel orgasmique et de guérison. La femme qui s'écoute et apprend à respecter son corps ainsi que ses besoins apprend à révéler sa grande beauté intérieure, celle d'être une femme solaire, pleine de sagesse et de désir.

PARTIE

5

HARMONISER SON FÉMININ PROFOND

Se reconnecter à son âme féminine nécessite de planter des graines et de faire preuve de patience. Tôt ou tard, elles finiront par germer.

L'IMPORTANCE DE LA LIGNÉE

Vous êtes l'héritière de celles qui vous ont rêvée, choyée, portée dans leur giron ; de celles qui vous ont mise au monde, vous incluant dans cette chaîne, ce maillage où le fil infini se déroule de génération en génération. Neuf mois à dormir dans le ventre maternel où vous avez siégé, où votre propre mère, vos grands-mères ont imaginé le monde, et où vos filles comptent la ronde des dix lunes avant de venir ici-bas. Qui sont ces femmes qui vous ont précédée et vous ont donné la vie ? Comment accepter votre filiation tout en vous allégeant, en défaisant les nœuds, en recousant les accrocs, en tissant d'autres cocons, d'autres toiles ? Que prenez-vous ou refusez-vous de votre héritage féminin et que souhaitez-vous transmettre ? Réfléchissez-y, faites le tri, ouvrez la malle à souvenirs.

Portez une attention et un regard éclairé sur la transmission, plus particulièrement celle de vos lignées féminines, de vos ancêtres, pour ensuite à votre tour soutenir, guérir, pacifier les blessures, les traumatismes et donner le meilleur aux nouvelles générations. Pour cela, vous pouvez envisager et entreprendre de guérir les blessures de votre lignée féminine, retrouver et reprendre votre place.

Et pourquoi ne pas vous offrir une constellation familiale ? La méthode des constellations familiales est une thérapie familiale basée sur la mémoire transgénérationnelle où les participants rejouent des scènes liées à leur histoire personnelle. La particularité de cette pratique réside dans le fait que les participants, les « constellés » qui vont chacun jouer le rôle d'un membre de la famille, ne se connaissent pas. Dans cet espace, une représentation va prendre forme, se jouer, se déjouer, s'apaiser ou ouvrir une autre possibilité, celle d'une voie nouvelle.

Vous pouvez également envisager de rechercher votre arbre généalogique, ou d'imaginer faire un acte psychomagique (par exemple : briser un objet, enterrer des photos, etc.) ou un acte symbolique (par exemple : rédiger une lettre que l'on brûlera ensuite).

L'enjeu est de comprendre et d'accueillir les schémas répétitifs, de faire la paix avec vos ancêtres, leur offrir le pardon pour mieux vous libérer ensemble des chemins compliqués.

Transmettre l'histoire des femmes

Les traditions orales et mythologiques
enseignent depuis l'aube des temps
aux femmes comment être femme,
fille, jeune fille, mère, femme mature,
séductrice, sexuée, grand-mère,
sorcière ou enchanteresse.

ANNA LAZOWSKI

Transmettre, c'est accepter de donner sans retour, voir le désir de raconter, d'apporter à travers la parole et les gestes des outils, des cadeaux, des sagesses qui contribuent, pour celui qui les reçoit, à se sentir accompagné par l'expérience de celui qui a traversé la rive et appris en conséquence. En donnant, nous nourrissons le lien, le cercle, la lignée et évitons les non-dits, les secrets. En essaimant, nous recevons également. Nous pouvons ainsi contribuer à l'arbre familial et, à plus grande échelle, à celui du cercle de femmes, continuant ainsi à nous élever, à grandir afin de toucher le ciel et embrasser la terre. Les fruits ainsi deviennent goûteux, beaux et partageables. Pour accompagner nos filles, nos sœurs, envisageons de re-questionner ou d'aller questionner nos mères sur les passages phares des femmes : des premières lunes à l'enfantement, à la ménopause. Échangeons sur la sexualité, sur notre cycle menstruel, sur la sagesse des femmes, les apprentissages, les découvertes, les déconvenues.

Recevons de la lignée féminine la force qui nous encourage à nous réapproprier notre corps, à nous libérer des conditionnements, à guérir de nos blessures et à trouver des alliances avec les hommes.

Les cercles de femmes

Les cercles de femmes sont des moments sacrés, des sphères dédiées aux échanges entre femmes. Ces moments sont richesse de paroles, de soutien, de commémoration, de recettes, de petits présents, de transmission. Les femmes se réunissent et s'installent en rond, dans cette forme accueillante qui rappelle le ventre maternel. Le cercle représente l'image du cocon, de la plénitude, de bras accueillants. C'est un contenant pour nous bercer dans son cœur.

À l'origine

Les cercles de femmes ont toujours existé, sous différentes formes. Dans des tentes au fin fond du désert aux temps bibliques (à découvrir dans le roman

La Tente rouge d'Anita Diamant, roman sur les transmissions orales du féminin à travers la figure emblématique de l'héroïne Dinah) ou aux temps des Sumériens, des Celtes puis chez les Amérindiens. Les cercles sacrés étaient dédiés au repos des femmes lors de leurs menstruations et à d'autres festivités et célébrations, comme celles pour honorer la lune ou une déité, pratiquer la magie, accompagner une femme qui va enfanter, introduire dans le clan une jeune fille qui vient d'avoir ses premières lunes rouges, etc.

Chez les peuples premiers, lorsque les femmes saignaient, souvent toutes au même moment, elles se retiraient dans des tentes « *wigwams*[1] » appelées aussi moon lodges afin de se reposer, d'écouter leurs intuitions, de se transmettre des rituels appropriés à leur état et recevoir des visions, des bénédictions, sagesses pour leur chemin futur. Ces femmes tissaient des liens solides entre elles, de sororité. Pendant ce temps, les hommes œuvraient dans la tribu, laissant ainsi les femmes pleinement disponibles à ce temps en suspension.

Et aujourd'hui ?

À l'heure actuelle, les cercles de femmes germent un peu partout, c'est une véritable éclosion, une révolution !

1. Également appelé *wickiup*, il s'agit d'un type d'habitation construit par les Amérindiens semi-nomades d'Amérique du Nord, dont les Micmacs et les Algonquins.

C'est une rivière à flot qui suit sa courbe, un chant : celui du féminin sacré. Ces cercles de paroles ou de rituels nous rappellent également les temps anciens où les femmes lavaient leur linge ensemble et se confiaient les unes aux autres. Ces moments entre femmes, qu'ils soient ritualisés ou non, sont des opportunités pour tisser des liens et nourrir cette filiation au féminin. Nous pouvons être un cercle, un temps de partage, un temps de hammam, un temps offert où nous brodons nos cœurs ensemble, honorons les femmes que nous sommes.

Quelques conseils pour créer un cercle de femmes

- Dans un premier temps, choisissez et définissez dans votre agenda la date dédiée à ce cercle.
- Déterminez une thématique pour l'intention du cercle (cela peut être en lien avec la lune actuelle, les saisons, un moment important de la vie des femmes…).
- Préparez le lieu : décoration, bougies, coussins, encens, petites douceurs, lumières tamisées.
- Fabriquez ou achetez un bâton de parole, objet symbolique qui permet de fluidifier la parole. Chaque participante à son tour l'a en main et s'exprime ; les autres attentivement l'écoutent.

- Faite attention au temps et soyez-en la gardienne.
- Avant le cercle, posez un cadre sécurisant. Nommez le cercle et gardez secrètes les paroles échangées lors du cercle. Invitez chaque participante à être bienveillante.
- Proposez un rituel ou une méditation au début et/ou à la fin du cercle.
- Tirez les cartes d'un tarot ou d'un jeu pour offrir à chaque participante un message qui l'accompagnera ensuite dans son quotidien.
- Fumigez à la sauge le lieu pour le nettoyer de ce qui a été vécu : les émotions, les énergies, l'espace aussi…
- Préparez de petites collations et des tisanes pour clôturer le cercle.

La sororité

Emprunter la voie de la sororité, c'est se questionner sur le lien entre les femmes. Le mot « sororité » est un nom commun féminin provenant du latin *soror*, qui signifie sœur. La sororité est l'équivalent féminin de fraternité.

Nous aspirons toutes à ce « nous » de femmes, à co-créer, à tisser ensemble, à s'épauler. Nous savons en notre for intérieur que notre nature féminine crée cette liaison commune. Nous pouvons entrevoir et ressentir au quotidien, dans un cercle de femmes pour les femmes, les femmes que nous rencontrons, de l'empathie pour ce qu'elles sont amenées à vivre. Nous avons aussi éprouvé les mêmes états, passages, émotions, transitions, transformations. Alors, autorisons notre cœur à devenir capable de compassion, réjouissons-nous pour nos sœurs !

La sororité, c'est aussi revisiter les premiers liens féminins avec nos propres sœurs, avec notre mère. Percevoir les jalousies, les espaces inconfortables où le miroir féminin de l'autre vient nous titiller dans nos fragilités, réveiller des blessures anciennes liées à d'autres femmes proches. À travers le reflet de l'autre, nous pouvons également nous sentir en compétition, en rivalité ou douter de nous. Sentons ce que l'autre a et sentons ce que nous n'avons pas. Pourquoi sommes-nous dans ces mécanismes comparatifs ? Est-ce l'empreinte des systèmes patriarcaux ? Et si nous réinventions ce lien entre nous en honorant nos différences et nos ressemblances ? Si nous mettions en commun tous nos talents pour nous soutenir ?

La source du féminin est identique en chacune, elle est faite des valeurs communes que sont la solidarité, la mutualisation, la tolérance, le vivre-ensemble.

Honorez

Pourquoi honorer ? Pour remercier, rendre hommage et constater la richesse et les cadeaux qui nous ont été donnés. Vos ancêtres nous ont légué des choses bonnes et d'autres moins bonnes, une part d'eux vous constitue. Dans les branchages de votre arbre, certains seront plus verts et sauront vous guider vers une croissance florissante et personnelle. D'autres branches, aux formes plus complexes, auront besoin de plus de soin, d'amour ou parfois d'élagage. À vous d'honorer votre arbre.

Honorez vos ancêtres

Faites révérence à votre lignée et à vos ancêtres par de petits gestes, des attentions simples et créatives pour leur rendre hommage. Pour cela, vous pouvez confectionner des offrandes, comme des bandes de tissus colorés accrochées à un arbre ou un plat succulent offert et déposé dans un lieu spécifique (un espace symbolique et porteur de sens pour vous, un espace qui entre en résonance avec votre histoire et vos origines), par exemple une maison familiale, un temple particulier, une forêt connue pour son énergie et son histoire, etc. Plus humblement, vous pouvez déposer des fruits sur une table avec des bougies allumées et quelques photos de vos aïeuls, et faire quelques prières pour les accompagner. En honorant, vous contribuez aussi à apaiser et aider les esprits disparus et tourmentés.

Autre outil de commémoration, la méditation vous guidera vers une intention pleine de lumière. En la pratiquant pour célébrer votre lignée, vous goûterez la joie de vous remémorer les souvenirs de ceux qui vous ont précédée.

Les pratiques citées ci-dessus, pour certaines, peuvent faire remonter des émotions. Je vous invite tout simplement à les accueillir, les laisser suivre leur propre route et visualiser que vous les rendez à la terre-mère pour vous en alléger.

Honorez la femme sacrée en vous

Prévoyez un rendez-vous avec vous-même afin de saluer la femme sacrée qui sommeille en vous. Ce sera l'occasion de mesurer la beauté de la personne que vous êtes, de sentir avec fierté tout ce que vous avez acquis et le chemin parcouru. Vous seule savez le temps et l'énergie que vous avez donnés pour le labeur, l'espoir, les nuits, les rêves qui sont les vôtres. Rendez-vous hommage ! Regardez la grâce et la nature divine de la femme en vous. Offrez-lui des temps pour nourrir son essentiel : son essence de femme, des fleurs, des huiles essentielles, des massages, de la musique, des présents. Observez les espaces où vous êtes peut-être coupée de vous-même, quelles qu'en soient les raisons. Car par nature la femme est dans le don à l'autre ; elle s'oublie souvent, donnant aux autres jusqu'à épuisement, n'arrivant pas à dire non, cherchant à faire plaisir ou à éviter les disputes… Elle peut aussi se négliger, faire abstraction de ses désirs ou de ses besoins. Clarissa Pihnkola Estés, dans son ouvrage *Femmes qui courent avec les loups*, évoque un marché de dupes : lorsque nous échangeons notre vie porteuse d'une connaissance profonde contre la promesse de quelque chose *a priori* riche, mais qui se révèle une coquille vide !

Profitez de cette occasion et de cet aparté pour recoller, réparer tous vos espaces manquants afin de ne plus être séparée de vous, mais entièrement avec vous-même.

Je traiterai les femmes d'une manière sacrée.
Le Créateur a donné aux femmes
la responsabilité de donner la vie sur Terre.
La vie est sacrée, alors je regarderai les
femmes d'une manière sacrée.

PROVERBE AMÉRINDIEN

L'ÉQUILIBRE DU FÉMININ ET DU MASCULIN

Lune et soleil valsent ensemble,
nous sommes polarités.
Féminin et masculin se donnent la main.

Chaque être humain possède en lui les deux énergies yin et yang, shiva et shakti. Chacun porte en lui une essence androgyne composée de ces deux polarités. Celles-ci sont à la fois opposées et complémentaires, force et vulnérabilité. Elles ne se résument pas à notre sexe ou notre genre, femme ou homme, mais elles sont des émergences cherchant l'alliance. Nous vivons depuis des millénaires avec une vision tronquée du masculin et du féminin. Notre monde s'est construit sur un modèle où le masculin patriarcal dominant dénigre et blesse le féminin. La femme qui s'initie au féminin sacré sera amenée à toucher dans son intériorité son masculin et son féminin ; à visiter sa relation au monde selon ses propres polarités ; à observer si l'une ou l'autre domine, influe sur sa compréhension, ses choix au quotidien et relationnels.

Comment harmoniser son yin et son yang ?

Pour harmoniser ces deux énergies qui vous habitent, observez comment elles agissent en vous. Remarquez également que votre monde et vos actions sont perpétuellement en interaction avec les polarités féminines et masculines. Par exemple, quand vous prenez une initiative, que vous vous mettez en mouvement, l'énergie yang est manifeste ; à l'inverse, quand la contemplation et le silence sont de mise, le yin se définit. Pour harmoniser vos deux tonalités, il est important de les percevoir et les toucher dans votre être. Vous pourrez ensuite accompagner pleinement leur courant. Ne les réfutez pas, ne chassez pas l'une au profit de l'autre.

En tant que femme, vous avez besoin de votre masculin pour être agissante. De même que vous avez besoin de votre féminin pour poser de la douceur et de la compréhension sur l'autre ou sur vous-même. Accorder vos cordes vous demande de visiter en conscience comment vous êtes dans telle ou telle polarité, de porter à la fois un regard intérieur et extérieur.

En réalisant la prédominance de l'une de ces deux énergies liées à votre histoire, votre construction psychique et héréditaire, vous aurez la capacité de choisir si vous souhaitez retrouver l'équilibre en vous-même afin d'harmoniser votre couple intérieur. Pour honorer et apaiser ce couple intérieur, l'aider à se déployer, vous irez approfondir vos parts féminine et masculine, voir le fonctionnement de chacune, les croyances limitantes, les transmissions, les anciens schémas destructeurs pour soutenir la polarité en difficulté, le changement en vous, les relations hommes-femmes.

- **Le féminin**, c'est l'intuition, l'accueil, la force intérieure, l'inspiration, l'imagination, la compassion, la sensibilité, l'écoute, l'empathie, la douceur, l'harmonie, la créativité, la création, le partage, le silence, l'intérieur, le prendre-soin, la générosité…
- **Le masculin**, c'est l'action, l'audace, la parole, la vigueur, la force extérieure, la responsabilité, la vérité, la concentration, l'autorité, l'intellect, l'abondance matérielle, la clarté, l'extérieur, la protection des plus faibles…

Chaque polarité nourrit l'autre et permet d'accompagner le processus de la vie. Le féminin reçoit, le masculin donne, et vice versa. Le ciel se couvre et se dégage, l'ombre danse avec la lumière : chacune réconforte, restaure l'autre afin que nos paysages intérieurs et extérieurs s'étirent et s'exaltent à l'infini.

Que faire si… ?

… si mon féminin est blessé, introverti, non exprimé, trop affirmé, étouffé, a du mal à se déployer ?

… si mon masculin est effacé, dominant, blessé, violent, meurtrier, abandonné, écrasé ?

… si l'un et l'autre se confrontent, se heurtent, ont des difficultés à trouver ensemble le tempo commun ?

Il est peut-être temps d'envisager d'épauler la polarité en souffrance, de lui donner la main, le temps, l'espace, l'amour manquant, la tolérance, l'accueil, la force… Tout d'abord, observez quand l'un ou l'autre réagit et de quelle façon. Interrogez-vous sur la manière dont vous percevez chaque polarité et quelles émotions, souffrances ou incompréhensions ressurgissent. Et si cette autre polarité n'était finalement que l'autre part de vous, plus écorchée, celle à guérir, celle à accompagner pour pacifier votre féminin et masculin, et ainsi rencontrer l'unité ?

Dans un second temps, revisitez dans vos lignées maternelles et paternelles la place des hommes et des femmes, les nœuds qui s'y sont tricotés, le fruit de votre héritage. Une fois que vous avez perçu la polarité en difficulté, un travail pas à pas peut s'amorcer. Écoutez et accueillez la polarité tiraillée, prenez le temps, à travers une méditation-respiration, d'inspirer et d'expirer, de laisser le souffle agir.

Visualisez la polarité au service de l'autre. Un accueil et une paix se dessinent ; chaque polarité possède sa magie, ses dons, ses talents, ensemble elles s'unissent pour ne former qu'un : une réconciliation, une coopération en invitant par exemple votre énergie yin à prendre sa place, s'exprimer, oser et votre énergie yang à accueillir, à ne pas réagir, à rester passive pour mieux écouter en profondeur.

La réconciliation

Vint un temps où le risque de rester
à l'étroit dans un bourgeon était plus
douloureux que le risque d'éclore…

ANAÏS NIN

Réconcilier son masculin et son féminin est l'art de savoir conjuguer « faire » et « être », comme en témoigne Diane Bellego, thérapeute et auteure, dans son livre *Masculin Féminin, l'initiation amoureuse*. Réconcilier ses polarités, c'est faire le premier pas vers la paix, puis les accepter comme un tout, un mouvement perpétuel et ouvrir l'espace de la conscience du cœur de l'être.

Réconciliez vos deux polarités
pour renouer deux fils en une seule boucle,
celle de la présence, de la paix.

L'entente de votre féminin et de votre masculin dessine une « **union sacrée** » en vous et avec l'autre, brodant le même canevas, une paix intérieure, une pacification avec la polarité blessée ou offensante. Entreprendre cette réconciliation nous invite à admettre que la solution ne se trouve pas chez l'autre ; celui-ci ne peut répondre à nos attentes ou nos difficultés, il n'est ni le sauveur, ni le bourreau. Il n'est que le révélateur, la projection, le miroir, l'ombre nous appartenant. Votre chemin de réconciliation vous incite à trouver votre propre soignant, celui de l'amour en soi avec vos polarités, d'honorer votre féminin et votre masculin en une onde sacrée et apaisée. Si l'une de vos polarités est fragile, elle vous apporte tout de même un enseignement. Remerciez-la pour l'avancée qu'elle vous procure et vous demande d'entreprendre. L'alliance entre féminin et masculin est un mariage subtil et guérisseur entre soi et l'autre afin d'harmoniser l'homme et la femme que nous sommes.

Rituel des mains jointes

1. Aménagez un espace pour la méditation où, en confiance, vous pouvez vous poser.

2. Cette méditation, si vous le pouvez, sera à faire pendant 21 jours au même horaire pour installer la régularité et son fonctionnement. Elle consiste à réunifier en soi nos polarités.

3. Utilisez de l'huile essentielle de pruche, arbre millénaire de la famille des conifères du Canada. Cette essence olfactive a pour message « Je respire donc je suis, c'est l'essence de la VIE – et cela suffit ! […], sans but ni pensée – plus rien à chercher, car tout y est, a toujours été[2] ! » L'huile essentielle de pruche vous invite à respirer, à créer, à incarner par le souffle la présence. Elle appelle chaque polarité à être. Déposez quelques gouttes sur vos poignets, respirez, joignez vos mains, salutation indienne, le *namasté*, au niveau du cœur.

4. Fermez les yeux puis imaginez que ces deux polarités se soutiennent et forment la plus belle des alliances en vous : L'UNITÉ.

2. *Les Huiles essentielles féminines*, Jutta Lenze.

ÊTRE UNE FEMME EN PAIX

Guérir de ses blessures

Allez à la rencontre de vos cicatrices et vos failles pour mieux les panser, les guérir, comprendre leurs racines, leur mémoire pour vous libérer des fardeaux, des empêchements à révéler la femme divine et sacrée en vous.

Marche sur ton propre chemin,
tout le reste est égarement.

GITTA MALLASZ, *DIALOGUES AVEC L'ANGE*

Il est temps de prendre soin de vous et de devenir actrice afin d'alchimiser le féminin blessé, c'est-à-dire transformer les blessures en or, en lumière, en connaissance. N'ayez pas peur de laisser vos larmes se répandre. Elles deviendront rivière, océan, une eau fertile, amour.

Entamez un travail en profondeur dans vos matrices corporelles et psychiques. Pour cela, procédez par étapes. Montez une par une les marches d'un grand escalier où, à chaque transition, vous trouverez une clé, ouvrant ou refermant ce qui vous est nécessaire. Les femmes préfèrent souvent donner aux autres, à leurs proches, quitte à s'oublier. La plupart courent après le temps, doivent gérer le travail, les enfants et les obligations. Il est important de revenir à soi, de choisir cette voie d'apaisement, de transformation et d'élévation pour que la graine en fleur rayonne son féminin. Créez, octroyez-vous un espace rien que pour vous, pour guérir, nourrir, adoucir, écouter, chouchouter votre féminin. Voici quelques outils et pistes de compréhension pour enclencher ce processus et œuvrer vers votre féminin cicatrisé, libéré, renaissant.

- **Premier petit pas** : plongez doucement au-dedans, écoutez la petite voix qui murmure, raconte, se rappelle, tangue avec vos émotions enfouies. Laissez vos émotions s'exprimer corps et âme. Tout bouge : la parole, l'expression, le mouvement, le rugissement… Les chakras balancent, l'ouverture pousse à accueillir ce qui est manifeste ou pas. N'émettez pas de jugement et allez à votre rythme. Faites confiance à votre capacité à grandir et à déployer vos ailes.

- **Dans un second temps** : prenez conscience de ce que vous refoulez, vos besoins de sécurité, vos limites, vos silences. L'outil de l'écriture spontanée (la main glisse sur le papier sans réfléchir, des mots, des images, des sensations, des pardons font leur apparition) vous sera précieux.

- **En troisième intention** : désencombrez votre corps des empreintes négatives liées au passé, aux lourdeurs généalogiques. Effectuez un nettoyage, une purification. Sauge, visualisation, prière, méditation sont autant d'outils pour assainir les blocages et les espaces (corporels et psychiques), pour évacuer les blessures (visibles ou invisibles) qui ont cristallisé.

- **Dernière étape** : ouvrez les vannes de l'amour, à profusion. Laissez le chakra du cœur battre son rythme, celui de l'acceptation, de la tolérance et l'amour de soi. Jetez aux oubliettes vos juges et critiques intérieurs, et le perfectionniste aussi !

Cultiver l'amour de soi

L'amour est universel, précieux, immatériel, c'est une source. Il nous entoure, nous échappe, nous protège, nous blesse, nous construit. Il se sème, se cultive, se donne et nous transforme, nous élève. L'amour de soi est un faire-part, un rendez-vous unique pour tomber amoureuse de soi-même. Être en amour avec soi signifie se respecter, détricoter ses peurs, mettre au placard la soumission, les critiques intérieures et les sentiments négatifs en nous.

Le mental nous sépare de nous-même et des autres. Le cœur, lui, rallie.

Le manque d'amour de soi est une large blessure dont la racine remonte bien loin, dans l'enfance. Quand l'amour est absent, nous ressentons des sentiments douloureux et contradictoires comme le rejet, l'abandon, l'humiliation, la trahison, l'injustice, la non-reconnaissance, la colère. Nous pouvons aussi rechercher l'approbation dans le regard des autres, être dépendante affectivement. Toutes ces surcharges émotionnelles influent, bloquent la circulation de l'amour. Ces marques sont de précieux indicateurs de nos souffrances et sont de véritables obstacles à notre réalisation. Ces bleus trouvent souvent leur origine dans les traumatismes de notre petite enfance. Certains parcours de vie difficiles ont cristallisé des failles, voire généré des points de blocages qui nous empêchent d'être bien avec la vie, avec les autres et nous-même.

Lise Bourbeau, auteure et thérapeute canadienne, a référencé les ecchymoses auxquelles l'âme humaine est confrontée dans son ouvrage *Les 5 blessures qui empêchent d'être soi-même*. Le rejet, l'abandon, l'humiliation, l'injustice et la trahison sont ainsi cinq atteintes à notre réalisation, à l'expression de notre grandissement, à l'utilisation de nos pleins potentiels, à notre réalisation. Pour apaiser ces blessures et guérir, nous pouvons envisager un travail personnel et mettre en place des rituels journaliers :

- Projeter des graines de bienveillance et de respect à travers des visualisations.
- Tordre le cou à nos pensées négatives ou juste les laisser glisser à la surface de l'eau. Choisir en conscience de ne pas nourrir la noirceur de nos sentiments et projections.
- Aménager des moments de plaisir, de douceur, pour se rencontrer et admirer toute la beauté de qui l'on est, une femme pleine, riche, au parfum si particulier qui nous rend unique.

Le féminin pacifié

La femme qui marche vers le féminin sacré n'a plus de crainte ni d'attente. Elle a cheminé, compris, accepté, lâché prise sur ses attentes, sur les regards extérieurs, sur sa vision d'elle-même. Elle n'a plus besoin d'une validation ou de recherche quelconque. Son corps est son temple, son âme est un joyau, son être une merveille. Chaque jour qui passe, sa beauté intérieure rayonne. Chaque année, la sagesse est manifeste. Chaque pas qu'elle fait est une bénédiction.

Le féminin pacifié danse avec son masculin et son féminin, accord parfait où beauté et cohésion créent les notes parfaites d'une symphonie.

Le féminin pacifié, la femme en paix, rejoint ses sœurs dans un cercle plus grand pour contribuer à la paix dans le monde et en soi.

Le féminin pacifié, la femme en paix, se laisse bercer par d'autres femmes inspirantes qui marchent et sèment des graines pour la paix, le vivant.

Le féminin pacifié marche avec ses ombres, rien n'est ni bon ni mauvais, tout est enseignements.

Le féminin pacifié nous propose de fumer le calumet de la paix comme les Amérindiens car le tabac est une plante sacrée, celle de la réconciliation. En fumant ensemble, nous envoyons au ciel nos prières.

Le féminin pacifié est cette Femme Médecine, cette Gardienne de la sagesse, une Femme Sage, une sage-femme qui au nom de la Mère-Terre préserve la paix, prend soin du vivant.

Le féminin pacifié est tout ce chemin que nous avons entrepris ensemble dans ces lignes, à travers ce livre dans vos mains pour qu'à votre tour, vous preniez le bâton de pèlerin et suiviez la route du féminin sacré !

LE MOT DE LA FIN

Notre voyage initiatique prend fin. J'espère que les différents jalons que nous avons explorés vous inviteront à déployer vos ailes et, telle Isis, à vous en servir afin d'affirmer pleinement la femme sacrée que vous êtes. N'hésitez aucunement à vous affranchir, à conquérir votre liberté. La femme sacrée est un joyau à protéger, à glorifier.

Je vous souhaite également de continuer à œuvrer pour nos sœurs, pour la terre-mère, et de semer des graines pour que nos terres de femmes grandissent, fleurissent et nous éclairent toutes.

Continuons de transmettre cette voix afin de créer un monde où les valeurs du féminin transformeront fondamentalement notre humanité.

Yaël Catherinet-Buk

BIBLIOGRAPHIE

Femmes qui courent avec les loups, Clarissa Pinkola Estés

Isis l'Éternelle, Florence Quentin

Le Langage de la déesse, Marija Gimbutas

Les Huiles essentielles féminines, Jutta Lenze

Les Sagesses du cercle, Claire Jozan-Meisel

La Tente rouge, Anita Diamant

Sagesse et pouvoirs du cycle féminin, Marie Pénélope Pérès et Sarah-Maria Leblanc.

Sorcières – La puissance invaincue des femmes, Mona Chollet

Lune rouge, Miranda Gray

Masculin Féminin, l'initiation amoureuse, Diane Bellego

Médecine pour la terre, Sandra Ingerman,

Dialogues avec l'Ange, Gitta Mallasz

À PROPOS DE L'AUTEURE

Yaël Catherinet-Buk est poétesse et doula, formée à la naturopathie. Elle anime des cercles de femmes et de nombreux ateliers autour de la féminité. Elle est à l'initiative du festival « Autour du féminin » organisé chaque année à Nîmes.

Elle est l'auteure du coffret *Chœur de femmes* (Le Souffle d'or, 2015), un jeu de cartes poétique sur le féminin sacré, ainsi que de l'ouvrage *Le Féminin guérisseur, Manuel de reconnexion à sa magie de femme* (Éditions Véga, 2020).

Son site internet : www.yaelchandesarbres.com